企業経営を学ぶ

組織運営の王道と新たな価値の創造

平居暉士
Teruji Hirai

corporate
management

経団連出版

まえがき

　本書は、「いかにして正しい経営を習得するか」「どのようにして経営を正しく進めて、企業を継続・発展させるか」をテーマにしています。
　筆者は、企業で技術者として設計・開発に従事した後、工場長を皮切りに多様な部門の経営幹部を経験しました。グループ企業の社長退任後は、単独で、あるいはコンサルティング・ファームを形成して、企業や経営者の課題解決にあたったり、経営戦略を構築して事業を発展させるサポートをしています。経営コンサルタントとして企業の内部に立ち入ってその企業が抱える経営課題の真の原因を突き詰めていくと、事業規模の大小を問わず、経営者の経営力の向上が求められるケースに直面することが多々あります。日本企業が低迷から脱却するには、経営者の経営力強化が不可欠であるといっても過言ではありません。特にグローバル化が進み変化の激しい今日、「経営を正しく進める」ことの重要性はますます高まっています。
　近年、経営手腕を評価された経営者が社外から招聘されることは珍しくなくなりましたが、多くの企業の経営者は、同じ企業の中から昇進したり、あるいは先代から企業を引き継いだりしています。さらに起業がとても容易になったことから起業家も急増しています。そしてその多くが、経営についての正しい知識や実践方法を十分習得することなく経営にあたっています。
　このような状況に至っているのは、次のふたつが原因として考えられます。ひとつは、経営者の交代の仕組みにあります。ほとんどの企業では、特定の専門分野に長けた人、業績を上げた人が経営幹部、さらに経営者へと昇進します。ここに大きな落とし穴があります。営業や製造などを長く続けたら、あるいはそこで成績を上げたからといっても、経営のスキルが十分に身についているとは限りません。経営は高度な専門性が求められる職業です。経営のプロフェッショナルとしてのスキルを新たに備えていなければ、ビジ

ネスの世界ではとうてい通用しません。

　もうひとつが、経営者や経営をめざそうとする人が「経営」の正しい知識や実践を習得する適切な機会が非常に少ないことです。経営に関する書籍はあふれるくらいあります。経営セミナーやビジネススクールも花盛りです。情報化が進み、必要な情報はいつでもすぐに手に入るようになりましたが、それをどのように活用すればよいのかがわからず、戸惑っている経営の現場に驚くほどたくさん出くわします。泳ぎ方を陸上で学びプールに飛び込んで溺れるのと同じことなのです。また、簡単に入手できる知識では、ひとときの成功はあってもすぐに効力を失うのも自明の理です。

　「正しい経営」を習得できる即効薬はありません。しかし経営の王道を着実に進めていけば、必ず自らの経営力を高め、企業を維持・発展させることができます。本書は、筆者が実践してきた経営者としての立場と、経営コンサルタントとして経営をサポートする立場の双方の現場体験にもとづき、経営者がもつべき認識から経営の実践方法までを順を追って具体的に説明しています。本書と並行して、自社での実践を進められる構成になっていますので、つまみ読みをせず、着実に取り組んでいただければ幸いです。

　事業の維持・発展を継続させ、社会に貢献できることをめざす経営幹部や経営者をはじめ、これから経営者をめざす管理職など、ビジネスにかかわる方々に、経営実践の教科書として本書がお役に立てればと願っています。

　最後に筆者をいつも心身で支えてくれて本書の出版にも貢献してくれた妻の平居加代に心より感謝の念を示します。

2016年3月

平居　暉士

目次

まえがき

第1章　経営の本質を知る……11

§1　「経営」はどのように習得するのか……12
1. いま、経営者に求められるもの……12
2. 経営のプロフェッショナルになるには……15

§2　経営の普遍的な考え方を認識する……18
1. 全体最適をめざす……18
   (1) 問題の本質をあぶり出す……19
   (2) 分業がもたらす弊害……20
   (3) 全体を直視して課題解決をはかる……22
2. 経営の基本理念を確認する……23
   (1) ゴーイングコンサーンという考え方……23
   (2) 企業の社会的使命と存在意義（経営とは）……25
   (3) 経営状態を測る4つの視点……27
   (4) 全体把握から生まれる的確な戦略……31

第2章　戦略を計画的に実行する……33

§3　会社の方向性を示す—経営戦略の策定……34
1. 経営戦略を構成する3要素……35
   (1) 経営戦略とは何か……35
   (2) 重要性が増している会社指針の明確化……36
   (3) 経営戦略の3つのレベル……37

2. 全社戦略の策定 ……………………………………………………38
　　(1) 経営姿勢を明確にする ………………………………………38
　　(2) 事業領域を設定する（ドメイン定義）………………………41
　　(3) 経営資源の配分を決める（経営資源戦略）………………43

§4　目標を明確化する——事業戦略の策定 …………………45
　1. 論理的な戦略策定と経営分析 ……………………………………45
　　(1) 戦略策定への分析型アプローチ ……………………………45
　　(2) ツールを用いた経営分析 ……………………………………48
　2. 長期的視野と競争優位性の構築 …………………………………53
　　(1) コアコンピタンスの確立をめざす …………………………53
　　(2) 企業の存続を確保する長期的戦略の構築 …………………53
　　(3) 競争優位を構築する …………………………………………57

§5　目標を実現する計画を立てる——事業計画を策定する …60
　1. 事業計画で戦略を具体化する ……………………………………60
　2. 事業計画策定の手順 ………………………………………………62
　3. 事業計画書の作成 …………………………………………………66
　　(1) 数値計画（予算）の策定 ……………………………………66
　　(2) 実効性のある事業計画策定のポイント ……………………66
　　(3) 事業計画書の作成 ……………………………………………68

§6　計画を力強く実行する——事業計画の実践 ……………70
　1. 事業計画実践のステップ …………………………………………71
　　(1) PDCAサイクルを回す ………………………………………71
　　(2) ロジカルな対応とソフトな対応を使い分ける ……………71
　　(3) 完成させた施策案を実践する ………………………………72
　2. 計画実行を確実なものにする ……………………………………77

(1) 経営改革会議の設置 …………………………………………… 77
　　(2) 進捗状況に応じて計画を修正する …………………………… 78
　　(3) 予算の実行計画策定と予算・実績管理 ……………………… 79
　　(4) 問題解決型から課題達成型への転換 ………………………… 81

第3章　会社を飛躍させる ……………………………………………… 87

§7　組織と人を動かす―組織行動のコントロールと人的資源の活用 … 88

1. 組織文化の形成と人材の高度化 ………………………………… 88
2. 組織機構を構築する ……………………………………………… 91
　　(1) 組織機構構築の具体的手順 …………………………………… 91
　　(2) 事業展開に連動して推移する組織形態 ……………………… 93
　　(3) 臨機応変に対応できる組織運営 ……………………………… 97
　　(4) バリューチェーンの見直しと再構築 ………………………… 98
3. 組織文化の形成と改革 …………………………………………… 100
　　(1) 組織文化に左右される組織行動 ……………………………… 100
　　(2) 新しい組織文化形成への取り組み …………………………… 101
4. 新たな人的資源管理への転換 …………………………………… 104
　　(1) 日本型人事管理からの転換 …………………………………… 105
　　(2) 成果とプロセス重視の目標管理制度 ………………………… 108

§8　企業の社会的責任を果たす―コーポレートガバナンスの推進 … 118

1. コーポレートガバナンスの確立 ………………………………… 118
　　(1) なぜコーポレートガバナンスが必要なのか ………………… 118
　　(2) 企業はだれのものなのか ……………………………………… 120
　　(3) コーポレートガバナンス構築の3つの取り組み …………… 121
2. 会社機関改革の方向性 …………………………………………… 122
　　(1) 会社機関の運用実態 …………………………………………… 122

(2) 会社法の趣旨に沿った改革の方向性 …………………………… 123
　3. コンプライアンス経営の実施 ……………………………………… 125
　　(1) 「企業の社会的責任」のなかでの位置づけ ……………………… 126
　　(2) コンプライアンス経営への取り組み ……………………………… 127
　　(3) リスクマネジメントと危機管理体制 ……………………………… 131
　　(4) 情報開示と説明責任の実施 ………………………………………… 133

§9　経営力を高める ……………………………………………………… 135
　1. 経営者に必要な3つの能力 ………………………………………… 135
　　(1) 経営のプロになるための王道 ……………………………………… 135
　　(2) スキルを組み合わせて活用する …………………………………… 138
　2. ロジカルシンキングの実践 ………………………………………… 139
　3. 経営者のリーダーシップ …………………………………………… 142
　　(1) 実践知経営をめざす ………………………………………………… 142
　　(2) 改革型経営の推進 …………………………………………………… 144

§10　新たな価値を創造する—マーケティングとイノベーション … 149
　1. 顧客創造の基本機能 ………………………………………………… 149
　　(1) 日本で欠けていた2つの基本機能 ………………………………… 149
　　(2) マーケティングとイノベーションの関係 ………………………… 151
　2. マーケティングの考え方と展開 …………………………………… 152
　　(1) マーケティングの役割 ……………………………………………… 153
　　(2) マーケティングの展開プロセス …………………………………… 157
　　(3) 進化するマーケティング戦略 ……………………………………… 164
　3. イノベーション経営の推進 ………………………………………… 164
　　(1) イノベーションとは何か …………………………………………… 165
　　(2) イノベーション経営の推進 ………………………………………… 166

(3) イノベーション経営への具体的取り組み……………………… 167
　(4) イノベーション経営を支える方策……………………………… 171
　(5) イノベーション機会の見つけ方、戦略の立て方……………… 173

表紙カバーデザイン──竹内雄二

第1章
経営の本質を知る

経営とは何か。
企業の存在意義や社会的使命、
経営の本質を正しく理解する

§1 「経営」はどのように習得するのか

1. いま、経営者に求められるもの

　日本の企業はこれまで、ほかの会社をまねて同じことをやっていれば、なんとか会社を存続できた高度成長期、バブル期といった時期を長く過ごしてきました。バブルがはじけたあとも、会社の体質改善や海外への生産移転など、他社と同じ対応をすることで、どうにかしのげました。すなわち経営者は、うまく続いてきたビジネスを守っていればよかったのです。経営幹部や社員も、先輩の経験を基盤とした仕事のやり方を見習い、実直にそれを繰り返していれば、問題がありませんでした。

　しかし、グローバル化が著しく進み、リーマンショックや東日本大震災を経た今日、それがまったく通じなくなっています。その結果、企業規模の大小を問わず多くの企業で業績がズルズルと低下し、効果的な方策も講じられない危機的状況に直面しています。

【事例1】
　A社は生産機械の製造販売業である。特殊な加工技術を開発してそれを製品化した先代が創業し、高度成長期の追い風に乗って社業を拡大して大きな企業に発展させた。それを現社長が引き継いで5年が経過している。いまも需要は拡大傾向にあるが、他社が代替品を開発したことや海外企業の日本進出などにより売上がほとんど伸びず、価格の低下と人件費などの増加によって収益が得られなくなっている。何から手をつけたらよいのかわからずコストダウンやPRが必要だと思い、専門のコンサルタントの指導を受けているが具体的な成果には結びついていない。社員の高齢化が進んでおり新卒の採用も始めたが、短期間で辞めていく者も多く戦力化にはまだ時間がかかりそうである。先代が残してくれた会社の蓄財がたくさんあるので慌てることはないのだが、今後に不安を感じている。

事例1の会社（経営者）の課題はなんでしょうか。

　この会社は、「いま会社は何をすべきか、なぜそれをすべきなのか」の明確な答えがないまま、曖昧な対応を続けていることに問題があります。

　不具合が生じているのに何もしない会社、あるいは良い結果が得られないことはわかりながら「何もしないよりは少しでも対処をしたほうがまし」と考えているような会社が今日、目立ってきているようです。さらには業績が下がり気味なのに帳簿上の収益がマイナスではない、あるいは資金繰りに心配がないからと、危機感すらもっていない経営者も多くみかけます。

　だからといって、新しいことをすれば良いというわけでもありません。

【事例2】
　大都市圏周辺の住宅街で衣料品の小売りを展開しているB社が急に健康施術の店を始めた。本業の売上および収益の減少が続いており、これに危機感を感じた社長がフランチャイズ店への勧誘に魅力を感じて、危ぶむ幹部社員を押し切って開業した。すでに開業してうまくいっている店舗の運営状況や経営状態の開示も受けていて事業として十分成り立つと確信したからである。店舗は採算の悪い小売店を改装した。改装費や設備費は金融機関に他店での実績や事業計画を示して資金を調達した。施術は既存の社員では対応できないので、人材会社に依頼して高給ではあったものの経験者を新規採用した。施術や接客などはフランチャイズを展開する会社のノウハウに従い、広告もその会社から指導を受けてWEBや折り込みを中心に展開した。このように多額の投資をして準備周到で開業したものの、賑わったのは招待客などが来店した初月だけで、それ以降の来客は当初計画の半数にも満たない。慌てて価格を下げたり、広告を増やしたりしているが事業として成立する見込みはまったくみられない。本業の収益では穴埋めができずに会社は存続の危機に見舞われている。

　事例2は、開業への個々のアクションはどれもそれほど間違っていないようです。しかし、あまりにも現状からかけ離れた事業に手を出したために、その地域でのお客様の状況（マーケット）を読む能力がなかった、といえるでしょう。この会社のように、急にとってつけたような施策を始めたり、思いつきとしか思えない制度を取り入れて失敗するケースも増えています。その会社の現状（ドメイン、戦略、社員の資質など）からはるかに乖離した事

業を始めたり、会社組織や要員をしょっちゅう代える、などはその典型的な例です。

　事例1、事例2とも、その背景や真因を探っていくと、どちらもとても厳しい経営環境のなかで、会社経営が従来どおりの対処では通用しなくなっていることが浮き彫りになってきます。しかし、事例にあげたような対処をしていたのでは、行き着く先は衰退しかありません。

　日本企業の弱体化、国内産業の空洞化、国際競争力の低下などで、日本の景気が大幅に上向くことは、今後も見込めそうにありません。このような時代を生き残り、さらに飛躍するために、いま経営者がなすべきこと、それは従来の思考ややり方、仕組みにとらわれない新しい経営を実践すること、すなわち新たな価値を創造する以外にありません。「経営革新」こそが企業が生き残り、発展できる唯一の道なのです。

　経営革新を推し進めるためには、経営者や経営幹部は「経営のプロフェッショナル」の資質をもつことが必要です。大企業はもちろん中小企業であっても我流の経営ではまったく通用しなくなってきています。経営のプロフェッショナルとは、ほかの経営者のまねをしたり、コンサルタントやアドバイザーなどと呼ばれる人たちに頼ったりせずに、「自律」した経営ができる状態をいいます。

　ここでいう自律とは、「孤高の人になること」ではありません。経営の現場では、お客様はもちろん、いろいろな人とのかかわりがとても大切です。それら多くの人に情報を求めて、しっかりと聞く一方で、それを鵜呑みにするのではなく、その意味を十分に理解して、自分で的確な判断を下して行動することが求められているのです。

　自律することを避けて、法律や財務・経理の専門家、あるいは経営コンサルタントなどに経営課題の解決を委ねている経営者や経営幹部を多く見受けます。しかし、そのような専門家やコンサルタントは、ある特定の分野の専門家ではありますが、経営のプロフェッショナルではありません。ましてや、会社のことを経営者よりも熟知しているはずもありません。自律した経

営者は、彼らには特定の課題の解決にあたらせるなどの方法でうまく使いこなしています。

　本書は筆者の長年にわたる経営経験および経営者育成の経営塾やコンサルタントとしての実践にもとづき、経営に携わる者が正しい「経営」を実践するための具体策を紹介するものです。「経営力」は特別な人だけに備わる能力ではありません。経営の基本をしっかりと身につけさえすれば、だれもが経営のプロフェッショナルになれるのです。

　これまでは、経営の専門家でもめざさない限り「経営」を学ぶことはあまり必要ないと考えられていたかもしれません。しかし事例1、2の状態の会社でも、経営者が正しい経営の実践にあらためることができれば、業績の回復につなげられるのです。

2. 経営のプロフェッショナルになるには

　これからの経営には「経営革新」が不可欠なこと、そのために経営者や経営幹部は「経営のプロフェッショナル」でなければならないことは、一般論としては理解できても、では「自分はどのようにして経営のプロフェッショナルになるのか」に大きな戸惑いを感じているのではないでしょうか。

　筆者もかつてこの壁に幾度もぶつかり試行錯誤を繰り返しました。現実として、この問題に的確に応えてくれる場がないからです。経営を教えたり、経営をサポートする場はたくさんあります。それらを対象とするビジネスも花盛りです。それだけ経営を習得する必要性は高まっているのに、それが満たされていないのが現状です。

　書店には経営に関する書籍があふれるくらい並んでいます。経営セミナーやビジネススクールでは、経営学の各カテゴリーについて詳細に教えてくれます。またITの進化によって欲しい知識はいつでも簡単に手に入ります。

　このように、たくさんの経営の知識を頭の中に入れることは容易にできますが、それは車の運転を習得するのにテキストや講義で車に関するすべての知識を順番に学んでいるようなものです。そんな方法では、車は運転できな

いことは容易に気づきますが、経営の習得ではそれが結構まかり通っています。そのため、習得した知識を自分がいま、おかれている経営の現場でどのように活用していけばよいのかがわからず、かえって戸惑ってしまっているのが実情かと思われます。

しかしそもそも、経営に関するいろいろな知識をたくさん知ることから経営の実務を習得しようとするプロセスそのものが誤りではないかと筆者は感じています。だからといって中小企業の経営者などが自分の成功体験やマインドなどを教える「経営道場」的な場では経営に必要な基本的な知識が正しく身につけられません。定石を知らずに碁や将棋をするようなものです。経営のレベルが上がるにつれてこのような対処では通用できなくなっていきます。

それでは現在、経営に携わっている人がそのなかで経営を習得するにはどうしたらよいのでしょうか。

経営学をこれから学び始める学生でもない限り、まったくのゼロベースから経営の習得に取り組もうとしている経営者はいないと思います。何かのきっかけでつかんだビジネスチャンスが成功して会社を立ち上げた経営者（起業して間もない経営者）、会社を現状からさらに発展させようと思っている経営者、自社の経営がスムーズに進まず試行錯誤を繰り返している経営者、現状からの脱却や次への飛躍をめざして取り組んでいる経営者、あるいは経営者や経営幹部をめざす立場にいる方などがほとんどだと思います。

このような方が経営を習得するには、以下にあげる経営のプロセスを確実に実行することにより、必要な経営のセオリーや手法などを身につけていくのが効率的であり堅実といえます。

①まずは「経営の本質」として経営者が必ず身につけておくべき「経営の普遍的な考え方」を理解する

②上記①をもとに、自社があるべき姿（めざすべき姿）を明確にする［経営戦略の策定、事業戦略の策定］

③あるべき姿を実現するために自社の課題をあぶり出し、実施すべき課題

とおのおのの課題の解決方法などを示した事業計画を立てる［事業計画の立案］
④事業計画で決定されたおのおのの課題について実施計画を作成し、全員に周知して全員で実行する［事業計画の実践］
⑤実施状況を常に監視して適切な対処をする

　つまり経営を正しく実践するなかでこそ「経営の習得」が効果的にできるのです。上記の方法は、実際の経営現場で経営革新を進めることができると同時に、経営者としての資質も目にみえてあがることから、やる気もわいてきます。社員など周りの目も変わってきます。これこそが、経営者が「自律」できる道なのです。

　そこで以後では、上記の順に「経営の習得」でポイントとなる点を紹介していきます。

§2 経営の普遍的な考え方を認識する

1. 全体最適をめざす

　経営者が必ず身につけておかなければならない「経営の普遍的な考え方」のひとつに、「全体最適をめざす」があります。
「部分最適ではうまくいかない。全体最適をめざすことが大切だ」とは、経営に限らず何についてもよくいわれることです。「そんなことわかっている」「当たり前だ」と思いがちですが、経営の現場をしっかり見回すと、全体最適とはほど遠い現実が浮かび上がってきます。そして、経営がうまくいっていない原因の多くがここに集約されていることに気づかされます。
　事例3をみてみましょう。

> 【事例3】
> 　社長のアイデアによる画期的な商品の製造販売で創業し、多くの困難を乗り切って大きく成長してきたC社は、10年が経過して社員も300名を超えている。しかし一昨年度から、特にこれといった原因がわからないまま、売上が低下し始め、上半期が過ぎた今年度もこの傾向が続いている。これに連動して収益も低下し続けている。
> 　経営の勉強に熱心な経営者のCさんは、①経営に関する書籍をたくさん読み、②セミナーや研修などにも参加しては、それらを幹部社員に説明し、研修も受けさせている、③コンサルタントも活用して、いろいろな施策や仕組みを社内に積極的に導入し、④組織変更やリーダーの異動も行なったりしているものの、状況はほとんど変わっていない。社員の意識やレベルが上がったような実感もない。
> 　Cさんは、「景気が悪いからだ、業種全体が良くないのである程度は仕方がない」「社員の質が低いのだ、新しく外部から補充しないといけない」「コンサルタントなどをもっと活用しよう」「もっと、広告を強化しなければならない」、などと考えているが、いま何をすべきかが、わからないでいる。

事例3で実行している方策はどれも経営の世界で必要とされているもので、懸命に頑張っていることは伝わってきますが、会社の業績は一向に良くならない。「これは世の中のせい、社員のせい」といいたくなる気持ちがわからないわけでもありません。しかし経営者がこのような対処をしている会社は大変危険な方向に向かってしまいます。

　この会社の一番の課題は「会社の問題が何かがわかっていない」（経営課題が明確にされていない）ことなのです。したがって取り組んでいる内容が漠然としすぎており、当然のこととして良い結果が得られません。しかも、うまくいかない原因を経営者が自分以外、自社以外に求めているため、自分自身や会社全体の現実が直視できていないのです。

　Cさんのようなケースは、経営課題が不明確だということに気づきさえすれば、頭の中にはいろいろな知識が入っているので、会社は良い方向へと大きく舵をきることができます。言い換えるなら「経営革新」への大きな第一歩を踏み出すことができるのです。

⑴　問題の本質をあぶり出す

「会社の問題点は何か」というとても単純な問いかけに対して、正しい答えを出すことは、簡単なようで現実にはとてもむずかしいものです。会社の問題点が明確になれば、やるべきことが絞られ、そしてそこに注力すれば成果はぐんと近づいてくるわけです。

　会社の問題を的確にあぶり出すのに重要な考え方が「全体最適」です。経営者や経営幹部は、「まずは自分から、自社から変わらねば」という強い意志をもって、全体最適で課題をあぶり出し、それに集中して取り組むことで、会社は大きく変われます。しかし経営現場では全体最適を避けて都合のよい「部分最適」でお茶を濁そうとする慣性がしばしば働きます。全体最適の視点で問題をえぐろうとするなら、経営者や経営幹部自身が先頭に立って汗をかいて取り組まねばなりません。しかし自身の責任や都合の悪いことなどもあぶり出されてくるため、現実直視を避けようとする行動が、規模が比

較的小さく、ワンマンな経営者のいる企業や立場の強い幹部がいる部署などではしばしば見受けられます。これでは、経営革新はとうてい進みません。

　全体最適は経営者自身と会社全体の双方について、めざしていかなければなりません。経営者自身が全体最適の視点に立ってはじめて会社も全体最適がはかられるからです。

　まずは、経営者自身の全体最適からみていきましょう。

　事例3にみられる「自分は経営者の意識をもって勉強もしている、社員にもそれを指導しているが、効果が表われない」のは、経営の知識を勉強しただけで、会社の業務を実行するのに役立つところまで落とし込めていないからではないでしょうか。学びを通じて社長や社員の知見が高まったという部分最適がはかられただけで、それが実務にまで反映されないので、全体最適に至っていないのです。

　「いや、社員には会議や朝礼で言い続けている。資料やテキストも渡している。コンサルタントなどの指導も導入している」という答えが返ってくるかもしれません。しかし会議などで、他社の成功事例が紹介されて抽象的な要請や指示をされて、または一般的な資料やテキストを与えられて「これを読んでおけ」といわれて、あるいはコンサルタントなどのアイデアやアドバイスを聞いたとして、それで納得して能動的な行動をとるでしょうか。事例3では、会社にいま一番必要な「課題を社員に十分に理解させて、その気になってもらって、やる気を出させる」といった過程が省略されてしまっています。経営者が結果を急ぐあまり、そのような視点をもてていないこと（経営者の思考が全体最適になっていない）、そのため会社にもその仕組みが構築されていない（会社にも全体最適をめざす仕組みができていない）ことが、課題なのです。

　次に、会社の全体最適について考えていきます。

(2) 分業がもたらす弊害

　会社には、営業、開発、工場、経理、人事などの部門があり、その各部門

は部長、課長、リーダーなどの責任者（統率者）の指揮命令のもと、決められたミッションを果たすべく、分担して業務を行なっています。

営業部門であれば、売上を増やす、粗利益を増やす、顧客を増やすなどがミッションとしてあげられます。開発部門のミッションは、他社に負けない優れた機能や性能の製品を開発する、工場の場合は、高品質な製品を品切れすることなく安価でつくる、などです。

このような分業の考え方は、イギリスの産業革命で生まれ、200年以上の時代のなかで進化し、高度成長期には経営の合理化を進める方法として取り入れられてきました。営業の効率的な仕組みや、品質の良い製品を安くかつ速く製造する仕組みなどはみな、この分業から生まれました。このように分業は、経営の重要な考え方になっていますが、実は大きな副作用も隠されています。

分業が進み効率化が進むにつれて各部門が独立、専門化し、強い力をもつようになっていった結果、各部門にとって一番良いと思って進めていることが、実は会社全体でみると非常に都合が悪い現象をもたらす点に注目が集まるようになりました。

需要が伸び、つくれば売れるといった高度成長期にはオールマイティといえた「分業」は、変化にとても弱い面をもつことがみえてきたのです。今日のような低成長で顧客志向の変化が激しい時代になると、その変化に対していち早く適切な対処をすることが求められますが、実際には多くの企業で、各部門での都合や利益が優先され、改革・改善も部門内で進められるようになった結果、一般社員はおろか経営者も幹部社員も、部分的なところに意識が分散し経営における全体最適という考えに立てなくなってしまったのです。強い部門や強い幹部はますます強くなる。弱い部門は弱体化し、会社全体のバランスが大きく崩れてきても、だれも対処できなくなってしまいました。それに拍車をかけたのが、バブルがはじけたあとで多くの企業が導入した成果重視の評価制度です。部門の長にとっては自部門の目にみえる成績が良くなることに目がいきがちで、中長期的な視点がもてなくなったのです。

自分の得意なことはしたい、不得意なことはしたくないのが人情です。営業は「もっと安く、速くつくってくれないと売れない」と主張する。工場は「営業の売り方が下手だ」と主張する。双方は対立するばかりで、その会社にはお客様の欲しい製品がなかったなどは、全体最適を欠いている典型的な例です。

　このような部分最適は組織の大きな企業に限った出来事だと思ってはいけません。多くの中小企業でも、経営に大きな影響を及ぼしています。しかもそれにだれも気づいていない状態が長く続いていたりします。当たり前と思われているようなところに、全体最適になっていない事柄が潜んでいて、それが会社全体の発展の大きな障害になっているのです。

　少し視点を変えて、部分最適の別の例をみてみましょう。

　経営のためのさまざまな分析方法、活動、ツール、フレームワーク、経営システムなどが活用されています。5S活動（整理、整頓、清掃、清潔、しつけを徹底すること）やSWOT分析（Strength（強み）、Weaknesse（弱み）、Opportunity（機会）、Threat（脅威）にもとづき事業環境を分析し、経営資源の最適活用に役立てること）などの基本的な手法からITを活用した複雑かつ高度なプログラムまで多岐にわたっていますが、これらは経営をサポートする手段であって、使うことが目的ではありません。しかし、この立場が逆転しているような現場に出くわします。5S活動を正しく理解せずに取り組んでいるため、工場はピカピカになったものの、生産性はまったく上がっていないなどはその代表例です。経営者や経営幹部に全体最適の視点さえあればこのようなことは起こらないはずです。

(3) 全体を直視して課題解決をはかる

　全体最適で経営課題を特定することが、経営革新を実行するためには不可欠ですが、特定された経営課題の解決をめざす際にも全体最適で取り組まなければなりません。とりあえず、その場しのぎの解決策で対処しようとする慣性が働きがちですが、「簡単にできることからやろう」とか「とりあえず

これからやろう」という言葉が出てきたら要注意です。解決策も全体最適の視点から「これさえやれば、確実に反転できる」ものでなければ、成果が得られるはずがありません。

なお、全体最適をめざすとは、経営に関するすべての領域について高度な知識をもって、だれもが最善と考える答えを出すことではありません。会社全体を直視して「何が問題か」を明確にして、自社ができうる範囲内の最善策を実行することです。強い意志があれば必ずできます。

全体最適は、頭の中では当たり前の考え方ですが、経営者や経営幹部が常にその立場で行動し、会社の隅々にまで浸透させることが、経営革新のエンジンになるのです。

2. 経営の基本理念を確認する

「経営の普遍的な考え方」とは経営にかかわる者すべてが共通にもつべき考え方や価値観のことで、「経営の基本理念」とも呼ばれています。この考え方や価値観から外れたものは、社会からは経営とはみなされず、逆に批判・非難の対象となります。そこで以下では、経営の基本理念について再確認します。

(1) ゴーイングコンサーンという考え方

ゴーイングコンサーン（going concern）という言葉をご存じでしょうか。日本語では「継続企業の前提」などと訳されています。「企業は将来にわたって、無期限に事業を継続し、廃業や財産整理などをしないことを前提としている」という考え方で、一般的には「企業には継続するという社会的使命、責任がある」と解釈されています。「なぜわざわざゴーイングコンサーンなどというのか。そうでない企業なんてありうるのか」と思われるかもしれませんが、ヨーロッパの大航海時代には、航海ごとにつくられる会社があって、1回の航海が終了した時点で収支を清算して解散していたようです。

企業の価値を考えたときに、「ある期間で事業を清算する」ことを前提に

した場合と「今後も事業を継続する」ことを前提にした場合とでは、会計上の考え方も価値そのものも異なってきます。継続を前提にした価値を継続価値といい、これはキャッシュフローを生み出す力を評価するものです。

　上記の航海会社とは異なり、継続的に事業活動を行なうことを前提にすると、収支にその区切りがありません。そこで意図的に（法律などでルールをつくって）任意の会計期間を区切って収支を算出します。この場合、その期の収益と費用はその期に計上していくことになります。この操作のために簿記が使われ、決算書が作成されているのです。

　2003年3月期決算からは、倒産によって社会や株主などの関係者に与える影響を少なくするために、規模の大きな企業には財務書類で倒産リスクを開示させ、公認会計士がチェックする規定がつくられました。この規定は「ゴーイングコンサーン規定」とも呼ばれています。

　このように、企業は継続すべき社会的な責任があり、その責任は時代とともにより強く求められるようになっています。企業の経営者や経営幹部は当然のこと、社員全員が企業を継続させる責任を負っているのです。そこで社員にそのことを教育して徹底させるという管理責任も含めて、経営者や経営幹部には、企業が倒産などにより消滅することを防ぐといった消極的な姿勢ではなく、発展・成長させるために積極的な施策を講じるよう社会から強く求められています。その姿勢を評価しようとしているのです。

　ここでいう社会とは、お客様、株主、社員、取引先、金融機関など、すべてが該当します。企業が、経営者が、経営幹部が、どれだけ懸命に事業継続に取り組んでいるかが、自社が提供する製品やサービスのすばらしさと同様に評価される時代になっているということができます。

　事例4は、経営の基本である「ゴーイングコンサーン」の意識が欠如している例です。このような例はゴーイングコンサーンの認識が高まるにつれて減少傾向にはあります。上場企業には会社法でリスク開示が義務づけられていて、そのための経営者への教育も進んでいるからです。しかし、頭では理解できていても、現実の行動には反映されていないといった本音と建て前の

乖離が大きい中小企業のオーナー経営者などは、いまでも見受けられます。

> 【事例4】
> ①D社を創業し、いまも活躍しているD社長は、ワンマンで知られている。売上のほとんどが社長の働きによるもので、業績も好調で全社員が社長の指示のもとで動いている。社員が50名を超え、自身も70歳近くなったが、いまも一人で頑張っている。というのも、幹部候補が意見の対立で去っていったりして、適切な後継者が育っていない。「どうせ、自分がつくって、自分が業績をあげている自分の会社。自分が幕引きをすればよいか」と考えていて、近頃はそれを会社の内外で公言している。
> ②E社のE営業部長はたたき上げで、いままでに獲得してきた顧客の売上が全社売上の半分を占めている。若い営業員の育成も兼ねて、担当している顧客を分担させるように社長からは要請されているが、手間がかかるうえに歩合制の考課により自分の収入が下がることでもあり、その気にはなれない。定年まであと5年を切ったことから、このまま押し通そうと考えている。

①は経営者自身が社員のこと、顧客のこと、取引先のこと、つまり社会のことをまったく考えておらず、これでは経営をする資格がないといわざるをえません。そしてこのような会社には良い人材も集まらなくなるでしょう。②はE部長に認識をあらためてもらうことを求めるだけでは無理で、経営者自身が営業部門の組織運営や考課などにメスを入れて、ゴーイングコンサーンを阻止する要因を除かねば問題は解決しません。

ゴーイングコンサーンについては、特に中小企業では経営者が概念を理解し、このマインドをもつことが、「個人的な経営」から「強い組織経営」へ会社を大きく成長・発展させるエネルギーの源になると考えられます。

(2) 企業の社会的使命と存在意義（経営とは）

ふだん私たちは、日常会話のなかで特に意識せずに「経営」という言葉を使っています。本書でも、ここまで特に断わりなく使ってきました。ゴーイングコンサーンの考えを理解したこの時点で、あらためて「経営」（企業の経営）を次のように定義します。

「経営とは、企業が長い期間にわたって、顧客の要求する付加価値を創造

し、提供し続け、市場の競争力を維持する営みである」

　経営とは何かについて、書籍やセミナーあるいはメディアでいろいろに言い表わされていますが、上に示した定義はとても意味深い味わいのある表現で、企業の使命や目的を的確にわかりやすく表現しています。

　これに対して事例5は、経営とは何かがまったく理解できていない代表的な例です。

> 【事例5】
>
> 　①経営指導を要請されて、創業間もない若い経営者のFさんと面談した際に示された事業計画書には、従業員が10名に満たない会社の、商材ごとの売上高、費用、利益が年度ごとに10年先まで記されていた。どの商材も右肩上がりの直線で伸びていたが、「会社は何をどうしたいのか？」を問うと、Fさんからは、「それを教えてほしい」との返事があった。
>
> 　②経営コンサルタントのG氏が「年商○○億円を教えます」とプレゼンテーションでいっていた。しかしどのような方法で実現するかについてはふれずに、自分の得意なPR手段の説明に終始していた。

　このような状態で会社が経営されていること、経営が教えられている場面に接すると背筋がぞっとします。一時の成功を狙うのは経営ではありません。もちろん個人の金儲けなどは論外です。お客様の要求する付加価値を、思い込みや押しつけではなく、しかもものまねではなく創造し、提供し続けていかなければなりません。そしてそれが市場で評価されてはじめて、企業は成長し続けることができるのです。これが、企業（経営者）の社会的な使命であり、企業の存在意義です。この前提が成り立たない場合は経営とはいえません。

　後述する「コーポレートガバナンス」や「リスクマネジメント」も企業の使命を果たすために必要な仕組みですが、経営とは何かが理解できていなければ、「面倒くさい」「一銭の儲けにもならない」としか、とらえられません。経営者、経営をめざすならば、頭に叩き込んでいただきたい概念です。

　ちなみに、事例5①のFさんのようなケースでは、経営とは何かを繰り返

し丁寧に説明していくと、当初は首をかしげることが多いものの、わかりだすとだんだんと目が輝いてきます。「経営の基本」をしっかりと実践している会社の多くは体質も実績もとても健全な方向に進んでいます。正しい経営を学ぶきっかけと強い意志さえあれば、経営はだれもが習得できるのです。

(3) 経営状態を測る4つの視点

　筆者は「経営の基本理念」として次の4項目をあげています。これが経営の定義に沿って経営状態を具体的に測る4種類の物差し（4つの視点）になります。この物差しで、会社の経営全体を診断します。会社がこの4つの視点に沿って動いていれば経営は健全な方向に向かっているといえますが、逆にどれかが反していたり、欠けているならば、たとえいまの業績が好調でも経営は不健全な状態にあるわけです。

　①顧客主義

　市場がみえているか、市場があるか、と言い換えることができます。

　いま自社が行なっている事業、あるいは行なおうとしている事業について、市場の状態を正確に把握できているかを自らに問いかけてみてください。「どのようなお客様がどのようなものを求めているのか」「どのような競合先があって競合の状態はどうなっているのか」「そもそも自社が提供している（しようとしている）商品あるいはサービスを必要としてくれるお客様がどのくらいいるのか」などを正しくつかめているでしょうか。

　自分たちはこの分野のプロフェッショナルだから、そんなことはわかっていると思いがちですが、お客様の嗜好や競合の状態などが激しく変化する今日、そのようなおごりを捨てて謙虚に、そして冷静に現実を把握することがとても大切です。それができずに失速した例は数えられないくらいあります。

　小型車などのエコカーに顧客の志向が変わっているにもかかわらず大型車をつくり続けた自動車メーカー、顧客の志向が性能よりも使いやすさに移っているのに、大きくてきれいで精細な画面や機能の多さなどの性能にこだわったテレビメーカーなど、いずれもシェアを奪われたり失速したりしてい

ます。経営者の独断で、市場がほとんどなくなっている商品やサービスに取り組み続けている中小企業なども見受けられます。

　その主たる原因は経営者や幹部の、これまでの成功体験からくる自負心やこだわり、思い込みだと考えられています。また、専門家といわれる人たちや、自社の担当部門の意見を鵜呑みにするのではなく、それを裏づけるデータで確認するなどロジカルな対応が必要です。

　②独自能力（付加価値能力）

　どんなにユニークな商品やサービスであっても、やがて競合相手が出現します。ほとんどの事業において、競合相手が存在するといっても過言ではありません。そんななかで事業を継続していくには、少なくとも相手と対等な競争力をもつことが不可欠であり、会社をより発展させるには競合先との競争に打ち勝たなければなりません。そのためには、他社と差別化できる技術やノウハウなど、相手よりも優位に立てる独自能力（付加価値能力）が必要です。

　もっとも、ひと口に独自能力といっても事業ごとに必要な能力は異なり、同じ事業でもその状況ややろうとしている施策などによって、その重要度もさまざまです。したがってここでは、自社がこれから優位に立つためにはどのような能力が求められるのかをはっきりさせて、それがあるのかどうかを測ることになります。

　そして多くの場合、必要な能力は「ない」あるいは「不十分」だということがわかりますので、そうだとしたら、「会社はそれを克服するためにどのような具体策を講じているか」をこの物差しで測るわけです。

　この視点が欠けた例が、バブルの時代に大企業が競って行なったM&Aです。自社にはその会社のビジネスのノウハウがないことにも気づかず、投資に目先がいったもので、間もなく、かなりの数の会社が買収先を手放しました。急に異業種ビジネスに手を出して失敗するのも原因は同じです。

　また、事業に必要な能力についても、経営者や経営幹部の思い込みなどで間違った認識をしている、などはよくある事例です。たとえば車のディー

ラーで受注額が減少したのを、店長は広告宣伝の能力不足が原因だと思い込んでその分野の要員を増やしたり外部の力に頼ったりしたものの、一向に業績が回復しないことからデータをしっかり調べたら、集客力には問題はなく成約率が極端に悪くなっていることが判明した。すなわち真の原因は接客力の不足だったなどです。

付加価値を増強するには時間を要し、かつ修正がむずかしいことから、冷静で的確な判断が欠かせません。

③リーダーシップとモチベーション

上記①顧客主義と②独自能力は「ロジカルに頭で考えて対処すべき」問題でしたが、「リーダーシップとモチベーション」は、熱い志をもってハートで対処すべきもの、すなわち「ソフト」の視点であり、トップの意気込みとそれを支える社員の意欲が大きく影響します。どんなに立派な戦略と優れた能力があったとしても、社員や取引先など関係者が積極的に動いてくれなければ、ビジネスを継続して進めることはできません。

そこでリーダーは、「わが社のビジネスは、顧客に素敵だと思ってもらえるものを提供することで社会に役立とうとしている。だからみんなで協力して頑張ろう。そうすれば自分たちも社会に評価され、報われる」ことを関係者に理解させる「場づくり」を常に心がけて、実行するようにします。それを受けた社員や関係者は能動的に仕事に取り組むといった良好な組織文化が構築された会社であれば、多少困難な目標でも乗り越えることができます。

しかし、「わが社のリーダーは自分のことしか考えていない。会社の将来について語ったこともない。社員が提言をしてもまったく聞く耳をもたない。だから、できるだけ手抜きして、いわれたことだけを無難にこなしておけばいい」といった雰囲気の会社では、どんなに優れた戦略があったとしても、その実現はむずかしいでしょう。社員のモチベーションは、トップのリーダーシップに大きく左右されるのです。

同様に、「営業部門と工場が対立している」「合併を繰り返した結果、社内で融和がはかられずにトラブルを繰り返す」なども、このリーダーシップと

モチベーションが有効に機能していないのが原因です。

　④社会との連携・協調

　近年特にウエートが高まっているのが、この視点です。高度成長期には収益をあげることのみが優先されて、社会との良好な関係構築などは、あまり重視されていませんでしたが、収益を最優先してきた結果、社会が企業をみる目はどんどん厳しくなっています。

　情報社会の進展によって個々の企業の様子は瞬く間に全世界に広がる時代となりました。このような状況から、提供する商品・サービスだけでなく企業や経営者の評価までもが購入の意思決定に大きな影響を及ぼします。この傾向はこれからもどんどん強まっていくと思われます。グローバル企業のオーナーや経営者が事業とは関係のない社会貢献活動などに積極的に取り組んでいる背景には、企業に対するこのような社会の評価があるからです。

　ここでいう社会とは、顧客・取引先・株主はもちろんのこと、会社と関係のあるすべてが対象になります。会社に対して良い印象を抱き支持し続けてもらうための即効薬はありませんので、継続した取り組みが必要です。会社がこのような認識をもって、組織的に活動することが求められます。

　このように、社会との良好な関係を組織的に築いていくには地道な取り組みが欠かせません。一方で、社会から批判されるような事態を招いたなら、一瞬にして会社は危機的な状態に陥りかねません。トラブル発生時の対応が原因で起こる不祥事や企業の反倫理的・反社会的行動が、近年はエクセレントカンパニーといわれる企業でも多発しています。それらに接するにつけ筆者は、経営者自身の視点がどうしても短期の収益に向かいがちなため、本質にメスを入れることを避ける風潮を強く感じます。そのために業績が低迷したままだったり、クレーム処理に追われたりといったことが繰り返されます。一日も早く全体最適の視点に意識を切り替えることが不可欠です。

　これらはコーポレートガバナンスの欠如、つまり企業内に自浄作用やチェック機能、管理機能が働いていないことが一番の原因としてあげられます。経営者のおごりも背景にあります。事件を未然に防ぐシステムや監視す

る仕組みを構築して、社内でそれを有効に働かせること、そして何より、経営者の社会との連携と協調に関する認識が不可欠です。

(4) 全体把握から生まれる的確な戦略

　自分の経験や思い込み、だれかの単なる思いつきによる提言、あるいはビジネスの現場でのひとつの出来事などだけで判断するとどうしても「部分最適」に陥ってしまいます。それを防ぐためには、定期的にこの4つの物差しで冷静に診断をすると、会社全体の現状を正しく把握できます。そしてそれができてはじめて、会社の問題を打開できる的確な戦略が生まれるわけです。いままで思い込みや断片的な出来事からだけで判断されていたこととは違う事実に愕然とすることもあるかと思います。

　そのような全体最適の視点を取り入れ、自ら実践に移すことを通じて、だれでも経営を良い方向に進めるスキルを身につけることができます。人に頼らなくても自分で経営ができることから、自信も増してくるはずです。

　まずは、実践することをお勧めします。

第2章
戦略を計画的に実行する

会社、市場、社会を正確に理解し、
自社の課題と目標を明確にして
経営戦略、事業戦略を確実に遂行する

§3 会社の方向性を示す
―経営戦略の策定

　経営に関する普遍的な考え方を認識したところで、いよいよ経営を具体的に進める出発点となる「経営戦略」に話を進めます。経営戦略は、会社が進むべき方向や指針など基本的な方向を将来志向的に示す、とても大切なものです。

　事例6は、経営戦略や経営理念について正しく理解してそれを活用している会社とそうでない会社の、対照的なふたつの例をあげました。

> 【事例6】
> 　①H社は従業員が約30名の技術開発を行なっている会社である。現社長が創業して10年が経過した。H社長は会社概要とともに、「自社はどのような使命をもって、どうなろうとしているのか、そのために会社はどのような考えと姿勢で対応して、社員にはどうあってほしいか」を筆者に資料持参で明確に説明してくれた。これは、社員には採用時からずっと周知徹底している。
> 　②200名を超える社員がいるI社から、「WEBサイトを更新するために経営理念をつくりました」と説明を受けた。目的を聞くと、最近社員の採用が思わしくないので人材会社のアドバイスを受けてつくったものだと。しかし経営理念をみると、社長の挨拶からはじまって若い社員のコメントなどこの会社への勧誘でまとめられていた。WEBサイトには職場や会社のきれいな写真もたくさん掲載されていたが、会社がめざすものや社員に求めるものなどはまったく記載されていなかった。

　会社の経営戦略は、経営の基本である「自社があるべき姿（めざすべき姿）をすべてのステークホルダー（顧客、従業員、金融機関、取引先、社会、株主など企業を取り巻くすべての関係者）に明確にする」もので、採用やPRのためにあるのではありません。

　このセクションでは、まず最初に経営戦略について基本事項を説明したう

えで、自社の経営戦略を新たに策定したり、見直したりするプロセスを、順を追って説明していきます。

すでに自社で経営戦略を定めてある場合は、それが適切なものかをぜひ確認してください。上場企業ではコーポレートガバナンス構築などのために一定の形式は整えていますが、中身がともなわない例もみかけます。経営戦略を取り違えていて、まったく目的に適っていなかったり、会社のPRのためなど間違った目的で策定されている例も、企業の大小にかかわりなく、たくさんあります。経営革新を進めるなら、必ずこの出発点に立ち戻らなければなりません。

1. 経営戦略を構成する3要素

(1) 経営戦略とは何か

経営学の分野では「経営戦略の概念」（経営戦略とは何か）について種々の議論がなされていますが、経営戦略を正しく、わかりやすく言い表わすと、「企業と環境のかかわり方を、将来志向的に示す構想であり、企業内の人々の意思決定の指針となるもの」「会社全体の方向性を明確にして、経営の各分野を有効に機能させるための方針」となります。

すなわち、次の3つの要素が盛り込まれたものと考えてよいでしょう。
①企業のあり方、将来の方向性に指針を与えるもの
②企業と環境（分野・市場など）のかかわり方を示すもの
③企業の意思決定の指針、ルールを示すもの

①は、会社の姿勢、会社の将来の方向性やあり方について一定の方向性を示すものです。以降の意思決定が場当たり的にならないように導くことができます。②は、全社レベルの経営戦略ではどのような事業を行なうかを中心に会社と環境（会社を取り巻くすべてのもの）との関係を示し、事業レベルの経営戦略ではどのような市場で、どのようにして優位性を構築していくのかを表わします。③では、会社が組織的に機能するために、意思決定に関する指針やルール、社員に求める規範などが示されます。

このように経営戦略は会社の原点となる基本的な事柄を取り決めた、会社の憲法ともいえる、どこの会社にも当然、なくてはならないものですが、現実には①～③の要素がすべて記されているとは限らないようです。

　なお①は、まず最初に「戦略」(strategy＝What to do) を正しく定めて、そのうえで「戦術」(tactics＝How to do) を決める順番で行なわなければなりません。経営戦略はこのWhat to do（何をすべきか）の指針となるものです。これに沿って戦術How to do（どのようにするか）が生きてくるわけです。どんなに戦術が優れていても戦略そのものが間違っていたら良い結果が得られるはずがありません。多くの会社で「経営の基本理念」の４つの物差しから外れた行動をとるのは、戦術（どのようにするか）から入ってしまって戦略（何をすべきか）を見過ごしていることによるものです。

(2)　**重要性が増している会社指針の明確化**

　このように経営戦略はとても大切なものですが、日本では最近まであまり重要視されてきませんでした。高度成長期には指針を示さなくてもなすべきことは決まっていたからです。中小企業においては指針が必要との認識すら薄かったようです。

　しかし企業を取り巻く経営環境の不透明さが拡大し、めざましい技術革新や拡大するグローバル化、規制緩和の進行、激しい消費者嗜好の変化、急速な情報技術や社会環境の変化など、高度成長期とは状況が一変している今日、企業が長期的に存続するためにはこれら急変する環境に適切に対応しなければ、長期的な存続が困難になっています。すなわち、これまでと異質の経営戦略、既存の思考や枠組みを超越した画期的で高度な経営戦略が必要になるなど、戦略の重要性が増しています。

　たとえば、めまぐるしく変化する顧客の嗜好や競合状態に迅速かつ効率的に対処するには会社の方向性を明確に示してベクトルを揃えておかなければ、おのおのの部門や個人はバラバラで無駄な動きをしてしまうでしょう。またグローバル化や個性化が進んだ今日、顧客、社員、会社にかかわる人た

ちが同じ文化や価値観をもっているわけではありません。このような状況では、会社が大切にする価値観や意思決定の指針などを明確にしておくことが、ないがしろにできない時代になっているのです。

雇用においても、求人難や入社後の定着率低下が特に中小企業で深刻化しています。会社が求める人材が将来に希望をもって働くには、採用にあたって会社の経営戦略を明示しておくことが不可欠です。最近は就職先を決める要素として、どんな仕事をするのかだけでなく、どのような会社か、自分の志や価値観と合致しているか（少なくとも反していないか）などのウエートが増しつつあります。「人が集まらない」と嘆いている中小企業に限って、経営戦略がまったくなかったり、間違っていたりするケースが多いようです。

「そのようなことを考えるよりも具体的に収益が得られる方法を考えたほうがよい」との反論も出てきそうですが、企業の収益をあげるためにも戦略が重要なのです。思いつきのビジネスではなかなか成功しません。たとえ成功したとしても、長続きさせることが困難ないまの時代は、いかに緻密に戦略を立てられるかで勝敗が決まります。言い換えれば、たとえ規模の小さい企業でも優れた戦略があれば大企業を凌駕できるチャンスがあるのです。

(3) 経営戦略の３つのレベル

経営戦略は、以下の３つのレベルに分けて、それぞれ策定します。

【全社戦略】

会社全体の戦略を決めるもので、上記(1)で説明した①～③の要素を中心に、「ミッション、経営理念、ビジョン、ドメイン定義」を明確に示します。そのうえで、どのような事業をするのか（単一事業か多角化するのか）、多角化の場合には多角化を進める方向づけや個々の事業の位置づけ、さらには事業間の関連、経営資源の配分など会社の事業全体の指針を決めます。

【事業戦略】

どのような市場で、いかに優位性を構築していくのかの競争戦略などを中

心に定めます。複数の事業を展開する会社では事業ごとに立案します。
【機能別戦略】
　企業活動を形成する個々の機能（部門）に焦点を当てた戦略です。機能ごとに使命、基本的な目標、実行プロセスなどを示すもので、財務戦略、人事戦略、マーケティング戦略などがこれにあたります。
　これらの3つの戦略はまったく独立したものではなく、上位の戦略から順番に適合させていくのが基本ですが、全体をみて上位の戦略を見直すことも欠かせません。以下では、全社戦略について考えていきます。事業戦略、機能別戦略（コーポレートガバナンス、マーケティング、イノベーションなど）についてはセクション4以降で取り上げます。

2. 全社戦略の策定

(1) 経営姿勢を明確にする

経営戦略とは、自社が成長するために、
・どのような社会的使命をもって［ミッション］
・どのような経営理念のもとで［経営理念］
・どのような将来像をめざして［ビジョン］
・どのようなドメイン（事業領域）に集中し［ドメイン定義］
・何をすべきか（戦略）、どのようにするのか（戦術）［事業戦略］
について策定するものです。

①ミッション

　ミッションとは、企業が内外に示す「社会で果たすべき役割・社会的使命感」であり、企業の存在意義を示すものです。会社はこのミッションを果たすために存在します。売上や収益は手段や物差しにすぎません。ミッションは社員を動かし、会社が価値を創造し社会に提供していく源泉になります。

　よく知られているのが、松下幸之助が示したミッション（綱領）です。「産業人タルノ本分ニ徹シ／社会生活ノ改善ト向上ヲ図リ／世界文化ノ進展ニ／寄与センコトヲ期ス」

会社の足跡をみると、会社はこのミッションを大切にして歩んできたことがうかがえます。ミッションにはこれ以外にも、創業者の起業精神などを示した社是などが盛り込まれるケースもあります。抽象的な表現をとることが多いようですが、新しく策定する場合には、社員がミッションを理解して共感し積極的に行動できるように、また、顧客など外部の人たちが会社の考えを理解してくれて良いイメージをもち、より良好な関係を築くために、具体的でわかりやすい表現で示すことが大切です。中小企業にとっては策定することによる効果が特に大きいと思われます。

「ミッションなど考えていなかった」という会社も多いかと思います。いまからでも遅くありませんので、正しい「経営」をめざすならば、いままでを振り返り、将来をみつめてミッションを策定、あるいは修正してください。経営者が自分の言葉で述べることが大切です。

②経営理念

経営理念は、ミッションのもとでどのような姿勢で経営を実行するのか、基本的な姿勢を明確にするものです。どんなに業績が良くても、顧客、社員などすべての関係者に共感してもらえるような経営の姿勢とその実践がなければ、やがては社会から見放されてしまうでしょう。

経営理念で示すべき要素は次のとおりです。

- 企業の目標やかかわる領域…企業の基本的目的・目標、どの領域でどのような機能や価値をもってだれに貢献していくのかなどを簡潔に表現する
- 経営の姿勢を示す…地域社会、顧客、社会、株主などへの対応、企業成長の姿勢、経営行動の特性、組織運営の特性などを掲げる
- 行動規範を示す…行動指針、行動基準、行動原則、心得、誓いなど、組織構成員のあり方を示す

これらの詳細は別途、会社の規定などで定めます。また最近は、社会が特に関心をもっているような事項は個別に定める傾向にあります。たとえば、「CSR（企業の社会的責任）への取り組み」「地球環境への取り組み」「反社

会的行為への取り組み」などです。ここでは全体を簡潔に、そして特に会社が大切にしたい部分を強調すると効果的です。

　ただし、経営理念を定めるだけでは何の意味もありません。社員全員に教育して徹底させるとともに、経営トップ自らが「経営理念」にもとづく行動を実践しなければ意味がありません。

③ビジョン

　ビジョンは経営理念の実践によって会社がめざす具体的な将来像を社員や顧客、社会に表明するものです。顧客や社会に夢や期待感を与え、社内においてはそれを実現するための求心力を醸し出し、社員の一体感を高めることをめざしています。

　以下は昭和27年に本田宗一郎が社員に発したメッセージです。

「社長の希望

　我々の主人は顧客であり、顧客は良い製品は買つてくれるが、製品を作る我々の苦労は、どんなひどい苦労でも、苦労賃というものは払つて下さらぬ。この27年度は、それだから苦労せずに優れた良い品を皆の協力によつて造つてゆきたい。

　このために頭を使い、優れたアイデアによつて他社の追随を許さぬ製品を是非作りたい。一昨年（昭和25年）は吾が社は浜松の本田技研であつたが、現在では日本の本田になつた。本年こそ、世界のホンダにならなければならない。しかも本年の前半に世界のホンダになるように盛り上げねばならない。

　我々は1年、2年とは待つてはおられぬ。情熱が冷めてしまう。鉄は熱いうちに打てというではないか。

　今迄発展して来た勢いに更に加速度を加えて、この半年間に延してしまいたい。後半期は楽々と仕事を進めて、アメリカ人並の生活水準に達し、文化生活をエンジョイしたい。　斯くするには皆の協力がなければならぬ。社長のこの望をかなえられるよう是非努力せられたい。」（27．2月報6号）

　すばらしいビジョンの例として書物などでよく紹介されています。このときすでに今日の社会をイメージしているようです。

大きく成長した会社には必ずといってもよいくらいトップの大きなビジョンが存在しています。これから大きく飛躍しようとする会社はレベルの高いビジョンを掲げ、経営革新やイノベーションによってその実現をめざすことこそ経営のきわみといえるでしょう。
　ここまで、ミッション、経営理念、ビジョンについて説明してきましたが、実際に各社ではどのような表現をしているのでしょうか。それらは各社WEBサイトのホームページに「企業情報」「CSR」「社会貢献」などとして掲載されています。
　それぞれが混在していたり、一部しかない会社もある一方で、日本を代表する企業やグローバルにビジネスを展開している企業の多くは驚くほど詳細に述べています。そして社員によく理解させて行動させるよう教育や研修にとても熱心に取り組んでいます。企業が重視していることの表われです。

(2) 事業領域を設定する（ドメイン定義）

　ドメイン定義とは、会社の活動領域を明確にすることです。ニーズの多様化や事業環境の変化が急速な今日、経営の意思決定や事業の展開が散漫になりがちです。そのため、適切な範囲でドメインを決めておくことが経営資源が無駄に使われるのを防ぐために特に重要になっています。ドメインを決めることで事業活動に集中できるだけでなく、必要な人材などの経営資源を確保・蓄積する方策の決め手にもなります。さらに企業のアイデンティティを明確にできるので企業の構成員に一体感を与えることもできます。
　しかし一方で、ドメインを狭い範囲に限定しすぎると事業の拡大や発展を阻害してしまいます。ドメイン定義は現在の事業だけでなく、今後のトレンドやニーズなどを読んだ将来の事業領域も含めた範囲で設定しなければなりません。また、現在のドメインを見直す（再定義する）ことも重要です。とりわけ、収益をあげている事業では、現在のドメインへのこだわりやそこにメスを入れることの不安、さらには手間を避けたいとの思いが強く、現状に固執しがちです。しかし会社を取り巻く環境の変化が非常に激しい時代に

は、会社自身の変化や顧客志向、競合、市場、技術、社会環境など将来の動向を予測して、ドメインを見直すことが大切です。

このようにドメイン定義は企業の将来を左右するとても重要な戦略です。ドメイン定義あるいは見直しの際に、活動領域として選定する基準は次の4項目です。

・市場の規模…どれだけの市場ニーズがあるか
・市場の成長率…今後どのように推移するか
・競合状態…ライバルは多いか少ないか
・経営資源…自社の経営資源に適しているか

この基準に適ったドメインでなければ、その領域でビジネスとして成功することは困難ですので、ドメインとしては不適切といえます。また、いくらアイデアが優れていても、まったく経験のないビジネスを新たに始めることはとてもリスクが大きいものです。ドメイン定義や再設定にあたっては、「機能」「顧客」「技術」の3つの要素（3軸）の組み合わせを考慮すると効果的です（図表3-1）。

【機能軸】

どのような機能を果たすかに焦点を当てて事業ドメインを設定します。

アメリカの鉄道会社が機能を「鉄道事業」と決めたがために、そのあとに発達した「自動車事業・航空機事業」に市場を奪われてしまった例は、ドメイン定義の有名な話です。ドメインを鉄道事業と限定せず、乗客や荷物を運ぶ輸送事業にまで拡張していれば、自動車産業や航空機産業へも事業を展

図表3-1◆ドメイン決定の3要素

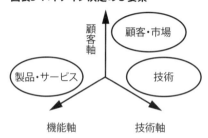

開できたわけです。

　この例のように、会社が提供している「製品」や「サービス」そのものに限定せずに、その製品やサービスによって顧客が得られる利得（機能）に拡張してドメインを見直します。

【顧客軸】

　現在の顧客を軸にしてその顧客への総合的な製品・サービスの提供を事業ドメインとする方法です。

　上記の鉄道事業の例では、鉄道事業の顧客は「乗客」ですが、これを乗客と限定せずに、鉄道沿線の「住民」ととらえることもできます。そうすると同じ顧客に対して住宅を供給することが考えられます。沿線の住宅産業も事業ドメインにできるわけです。

　さらに、乗客を沿線の劇場や遊園地などの「観客」ととらえると、アミューズメント事業が事業ドメインに入ってきます。「買い物客」ととらえるとデパートやスーパーマーケット事業など大規模小売事業も含まれます。日本の多くの鉄道会社はこのような経過をたどって多角化してきました。

　別の例をみてみると、IBMの正式名称は、International Business Machines Corporationですが現在では計算機などのハードウェア事業は少なく、コンピュータ関連のサービスおよびコンサルティングやソフトウェア事業が柱となっています。顧客軸を中心にドメインの再定義を行なってきたのです。

【技術軸】

　自社のもつ優れた技術を中核技術（コアテクノロジー）として、これを中心に将来も含めたドメインを設定する方法です。液晶メーカーや小型モーターメーカーなどがこの技術軸によるドメイン定義をしています。

　このようにドメインの決定要素である3つの軸でとらえると、いままで視野に入っていなかった事業も意外と身近にみえてくるものです。

(3) 経営資源の配分を決める（経営資源戦略）

　ドメインが定義されると次はそのドメインにおいて全社戦略に沿って具体

的な事業を展開していくことになりますが、その前にもうひとつ重要な全社戦略があります。それが経営資源についての戦略です。

経営資源はヒト、モノ、カネ、情報の４つに分類されます。現在の経営ではヒトと情報についての戦略が特に重要ですが、これらが量だけでなく質的にも不足していると、どんなにすばらしい戦略があってもそれは絵に描いた餅にすぎません。経営資源をどのようにして獲得、蓄積し、どのように配分して活用するのかについての戦略を策定しておくことが必要です。

現状で不足している経営資源をいかに安いコストで確保するかといった消極的な対処だけでは、とうてい経営は長続きしません。かといって、戦略もなくむやみにその獲得に走るのも無駄が多く効率的とはいえません。

経営資源は事業展開の原動力であるとともに、これを蓄積することによって質も高まり、事業を成長させ、新しい事業を立ち上げる財産であるといった認識が大切です。ぜひここで、ゴーイングコンサーンを思い出してください。

なお、経営資源戦略に重点をおいた具体的な戦略には、多角化戦略、グローバル戦略、Ｍ＆Ａ戦略、集中戦略、グループ戦略などがありますが、本書ではその紹介のみにとどめておきます。

ドメインが定義されると次は、そのドメインにおいて、全社戦略に沿って具体的な事業を展開していくことになります。その方向性を定めたものが「事業戦略」（または「競争戦略」）です。経営戦略の最終段階であり、個々の事業が競争に勝ち抜くうえで核となる「事業戦略」はセクション４で取り上げます。

ここまで、ミッションの決定からドメイン定義、さらに経営資源戦略まで話を進めてきました。いずれも最初から完璧なものを狙うとなかなか進みませんので、まずはこれまでの説明に沿って設定あるいは見直しをしてください。そのうえで、セクション４以降のより具体的なテーマに取り組み、そのあとで再度見直して修正してもよいでしょう。

§4 目標を明確化する
―事業戦略の策定

　事業戦略は、企業が具体的な事業を展開する基本になるものです。セクション3で設定したミッション、経営理念、ビジョン、ドメイン定義にもとづいて、「会社は何をするのか」「どのような目標をめざすのか」「どのようにして実現するのか」を具体的に示していきます。

> 【事例7】
> 　部品加工業J社のJ社長、やる気十分で行動力は抜群である。交際範囲も広くて業界や経営者の会合などにも積極的に参加している。日本の製造業の将来は暗いとの話をいろいろな場所で耳にしていて強い危機感を抱いている。先日、知人から教育関係のソフトウェアの販売代理店をしないかとの誘いがあった。経営に関する講演会でこれからは情報産業の時代だと聞いていたので、とても乗り気になり、さっそく古参の営業部長に進めるように指示をした。その1ヵ月ほど前には別の知人から紹介された大学との特殊用途のロボットに関する共同開発を受諾していて製造部長にもそれを進めるように指示をしている。両部長は何をどうしたらよいのか頭を抱えている。

　事例7のようなケースが増えています。会社の環境に危機を感じること、そして成長産業をめざすこと自体は間違っていませんが、そのためには「きちんとした手順」を踏むことが不可欠です。この事例のように、だれかの提案に飛びついたり、単なる思いつきだけでスタートしても成功は見込めないでしょう。ここでいう「きちんとした手順」が経営戦略・事業戦略です。

1. 論理的な戦略策定と経営分析

(1) 戦略策定への分析型アプローチ

　経営戦略の策定は合理的かつ論理的に進める必要があります。筋道の通っ

ていない思いつきのアイデアなどは暗闇で鉄砲を撃つようなもので、成功する確率はとても低く戦略とはいえません。

論理的に戦略を策定するための定石が分析型アプローチです。「検索」「策定」「選択」の3つの段階で進められます。

①検索（経営課題を特定する）

「検索」により、会社がビジョンに向けて動こうとする際に何が問題になるのかを特定（経営課題の特定）します。事業戦略のスタート地点になりますので、これを間違えると、次の代替案の策定もまったく異なったものになります。

経営不振に陥った企業のそれまでの足取りを振り返ると、このスタート地点で課題の特定を誤ったケースが多く見受けられます。経営課題が正しく把握できない原因としては、経営者の資質（経営のプロフェッショナルとしてのレベルや経営スキル）に加えて、個人的な想いやこだわり、さらに感情的・政治的な背景といった合理的でない要素が多く含まれているようです。

筆者はこれまでの経験から、この経営課題を見つける物差しに、セクション2で紹介した「経営の基本理念」がとても有効だと確信しています。経営の基本理念を基本に据えて現状をみつめると、経営課題が明確に浮かんできます。

②策定（複数の具体的方策を導き出す）

次に、顕在化された経営課題に対して解決に向かう具体的な方策を種々の分析を通じて複数導き出します。これは、代替案の作成ということもできます。

図表4-1は、基本となる分析方法と戦略策定との関連を図式化したものです。分析にあたっては、まず環境分析から始め、続いて自社能力分析を行ないます。環境分析は、マクロ環境分析（経済、人口、社会、政治などの動向をつかむ）と経営環境分析（競争市場や競合相手さらには関連技術の動向をつかむ）の双方について実施します。ただし、これらのすべての項目の分析が必要なわけではありません。明確にすべき項目の範囲や深さは特定された

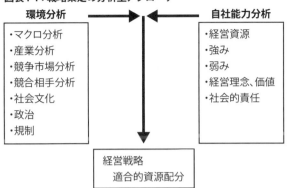

図表4-1◆戦略策定の分析型アプローチ

経営課題や会社の状況によって異なりますので、適切な判断が求められます。環境分析に続いて行なう自社能力分析で、商品力、技術力、人的資源、さらには経営のスキルや組織文化などについて、その強みや弱みを客観的に把握します。

　これらの分析結果からビジョンを実現すべき複数の戦略代替案を「ひねり出す」わけです。なお、今日では戦略策定のための手法やツールが種々開発され活用されています（後述）。しかし、それらはあくまで戦略策定をサポートするものであって、自動的に答えを引き出すものではありません。優れた戦略代替案は、経営に正しく真摯に取り組み、その過程で養われた高レベルの経営スキルがあってこそ、これらのツールを有効に活用して「ひねり出す」ものであることを肝に銘じなければなりません。

　ところで、一般論として環境分析および自社能力分析については理解できても、現実に自社で実行する際に行き詰まってしまうのが、分析すべき項目です。それは、あまりにも項目が多くて取捨選択の基準に迷ってしまうからです。特に小規模の企業では調査・分析に多大な時間をかけることはむずかしいことでしょう。これを効率的に進めてかつ大きな効果を得るためには、「経営の基本理念」で抽出した課題を解決するための項目に重点をおくと、分析も代替案の策定も視界が良くなり進めやすくなります。

③戦略の選択（合理的な方策を選び出す）

上記②で導き出した複数の戦略案から合理的な方策を選び出します。すなわち、「実現した際の成果」「実現の難易度」「組織や要員の適応性」などから、自社にもっとも適した戦略を選択します。

④プロセス型戦略アプローチ

上記①〜③は分析型アプローチの概要です。しかし近年、この分析型アプローチが、大企業などによるグローバル展開や、企業規模の大小を問わず行なわれている新規市場への進出、多角化などの経営戦略には通用しなくなっています。通用しないどころか、自社がこれまで事業の中核としてきた能力やノウハウが障害にすらなりかねないケースも生じており、新しい能力の習得や戦略知識が必要とされています。

このような状況に対応するには、環境分析や自社能力分析から得られたものを戦略とするのではなく、最初の時点で適切と思われる方策を立案して取り組みを始め、事業を展開する過程で市場や競合などの経営環境の変化を観察しながら対応策を講じていく「プロセス型アプローチ」が有効です。ホンダがバイクの販売でアメリカへ進出した際、当初はアメリカでは主流の大型バイクの販売に取り組みましたが、小型バイクのニーズが大きいことに途中で気づき方策を変更して新しい小型バイク市場を独占しました。

考えてから行動する分析型アプローチに対して、プロセス型アプローチは走りながら考える、と理解するとよいでしょう。もっとも、プロセス型アプローチにおいても、状況変化を把握するためには分析型アプローチの手法を用いており、分析型アプローチが経営策定の基本であることに変わりはありません。

(2) ツールを用いた経営分析

経営戦略分析のためのツール（フレームワーク）が多々提唱されています。特に近年は、基本的なツールを応用展開し目を引くような名前がつけられた分析手法が多数紹介されています。そこで以下では、多くの企業で活用

されている基本的かつ効果的なツールを取り上げ、用い方の概略を説明します。

①SWOT分析

SWOT分析は、自社能力の強み（Strength）、弱み（Weakness）、外部環境の機会（Opportunity）、脅威（Threat）の頭文字をとって名づけられました。自社の状況と外部環境の双方を正確に認識して、その双方が適合した戦略こそが真価を発揮するとの事実にもとづく分析方法です。自社能力と外部環境に注目して競争戦略の策定を導き出します。

図表4-2のとおり、強みと弱みを縦軸、機会と脅威を横軸にとり、そこからできる4つの象限について適切な戦略を策定するもので、

・まずは強み、弱み、機会、脅威のそれぞれを明確にし
・次にその組み合わせからできる4つの象限ごとに戦略を策定する

の2段階で行ないます。そのため、1段階目のステップをSWOT分析、2段階目のステップをSWOTのクロス分析と呼ぶこともあります。

機会と脅威を明確にするには、

・会社が直面している経済、政治、社会など一般環境の変化
・顧客嗜好、ニーズ、市場などの変化

図表4-2◆SWOT分析

自社分析		外部環境分析	
		機会 Opportunity	脅威 Threat
強み Strength		積極的な攻勢 積極的に機会に対して攻勢をかけ、自社の強みで取り込めることが可能な新たな事業機会の創出	差別化戦略 強みによって脅威を回避、差別化によって競争を回避・または脅威を打破
弱み Weakness		段階的施策 段階的に弱みを克服、機会を取りこぼさない戦略	防衛または撤退 防衛策か速やかな撤退、最悪な事態を回避

・業界内の状況や推移
・仕入れ先や外注先など取引先の状況
・技術革新の状況

をそれぞれ把握し、その動向を読み解きます。

　一方、強みと弱みを明確にするために必要なのが、以下の点です。
・自社の保有する機能ごとの資源とスキルのプロフィールの明確化
・競合他社の同様のプロフィールの把握
・自社と競合他社の比較から導き出された強みの明確化と弱み克服策の難易度の理解
・自社と競合他社の決算書などでの経営分析による経営力の強みと弱みの把握
・自社と競合他社の企業風土や組織文化などの把握と比較

　SWOT分析において、自社の強みが機会に合致するのであれば（**図表4-2の左上の象限**）、積極策でその機会にさらに攻勢をかけてシェアを増やすなどを通じてより多くの利益を獲得する戦略が有効です。強みに対して脅威があるのであれば（**図表4-2の右上の象限**）、その強みを活かして脅威から自社のみを差別化して脅威を回避し、場合によっては脅威そのものを打ち消す戦略が有効です。

　自社の弱みに対して機会があるならば、段階的に（計画的に）弱みを克服して機会をものにしていく戦略が必要です。自社の弱みに脅威が重なる場合は事態がさらに悪化しないように「勇気ある撤退」が基本です。

　このSWOT分析においても、ただ作業を進めれば答えが自動的に得られるものではなく、分析結果をもとにして有効な戦略を「ひねり出す」ことが不可欠です。中小企業だけでなく、大企業でも単一事業を行なっている事業部などはこのSWOT分析が大変有効ですので、ぜひ上記の説明に沿って実行してみてください。

　②製品－市場マトリックスによる成長方向の分析
　企業が成長するためになすべき戦略の方向を示すのがこのフレームワーク

図表4-3◆製品－市場のマトリックス

	製　　　品	
	既存製品	新規製品
既存市場	**市場浸透戦略** ①マーケットシェアの拡大策 ②需要規模の拡大策 　使用頻度、使用量の拡大 　新たな用途の提案	**製品開発戦略** ①製品特長の追加 ②製品ラインの拡張 ③新世代製品の開発 ④既存市場への異質製品投入
新規市場	**市場開発戦略** ①地域的な拡張 ②多店舗展開 ③ネット販売	**多角化戦略** ①M&A ②社内ベンチャー ③遊休経営資源の有効活用

(左側縦軸：市場)

です。SWOT分析のような簡潔な名称はなく、長いままで使われてきました。本書では簡易化して「成長分析」と呼びます。

　成長分析では、企業が現在経営活動を行なっている「製品」と「市場」に着目します。具体的には**図表4-3**のように、自社にとって「製品が既存か新規か」（横軸）、「市場が既存か新規か」（縦軸）のふたつの座標からできるマトリックスにより、成長方向を考えます。

【市場浸透戦略】

　既存の製品を既存の市場で展開している会社（事業）にはすでに基本ができているはずです。この会社がとるべき成長戦略は「市場浸透戦略」です。マーケットシェアを拡大する戦略や需要規模を拡大する戦略などを講じます。

　マーケットシェアの拡大、需要規模の拡大というと広告宣伝が思い浮かぶかもしれません。一番安易な方法ですが、それで持続的な競争優位が保てるかは疑問です。持続的な競争優位の基本である付加価値の拡大や強化、そのための経営資源の高度化に注力します。

【市場開発戦略】

　これまでの顧客とは異なったセグメント（対象）に現在の商品やサービス

を提供しようとする際にとるべき成長戦略が市場開発戦略です。代表的な例は地域を拡大する戦略で、同じ事業をいままでとは異なる地域で展開するものです。最近は、まったく異なった流通チャネルで異なった客層に販売する方法もよくとられています。店舗主体の販売から通販やネット販売へ拡大するのもこの例です。提供する製品の競争力が強い場合には大きな効果も期待できます。

【製品開発戦略】

既存市場の顧客に新規製品を販売する戦略です。既存製品をベースに新しい機能や使いやすさなどを付加する方法や製品ラインを増やして顧客層や販売量を増やす方法が車や家電品のモデルチェンジやラインナップでよくみられます。利点として、顧客の特質が把握できている、信頼も活用できる、流通チャネルがほぼそのまま使える、製造設備や開発力も既存のものが使えるなどがあげられます。

既存の製品で市場から得ている支持や信頼の度合い、開発力などが効果を左右します。

【多角化戦略】

これまで事業の対象にしていなかった製品を自社の従来の市場とはまったく異なった分野へ提供する戦略で、規模の大きい企業や資金を潤沢にもっている企業が遊休資源の再活用や財務的な目的のため、M＆Aや社内ベンチャーなどを通じて行なうことが多いようです。

上記の4つの戦略のうち、メインである製品やサービスについての市場浸透戦略を中心に据えて市場開発戦略や製品開発戦略にも注力していくのが一般的ですが、今後は環境分析や自社能力分析の結果から自社の成長にもっとも効果的だと思われる戦略を選択してそれに集中することが大切です。

市場浸透戦略はどの会社も意識されていると思いますが、新たに市場開発戦略の視点で戦略を見直してみてはどうでしょうか。既存の製品やサービスがそのまま活用できますので、新しい市場が見つかれば早く実現できるわけです。ただし市場の検討を慎重に行なうことはいうまでもありません。

2. 長期的視野と競争優位性の構築

(1) コアコンピタンスの確立をめざす

　コアコンピタンスとは「顧客に対して、他社にはまねのできない自社独自の価値を提供できる会社の核となる力」と一般にいわれています。①他社がまねをしようとしてもむずかしく、ほかのものでは代替がきかない、自社しかできない技術やスキル、ノウハウ（企画、開発、生産、流通などの分野）、そして②それらによって生み出された特定の製品（コアプロダクツ。ブランドや価値観なども該当する）、さらには③それらを生み出す組織能力（業務プロセス、組織力、人材力など）をも含めた総合的な力を指します。ゴーイングコンサーンであるべき企業には当然なくてはならないものです。

　もっとも高度成長期には、これがなくてもなんとかなってきました。欧米の企業など先行する他社のまねをしていれば存続できたからです。また、バブル崩壊後は効率化や合理化の名のもとでスリム化が進められ、短期的な財務体質の改善が評価されたことから、大企業も中小企業においても将来にまで目を配らない戦略が横行しました。そして多くの企業で一時的にせよ収益改善がはかられましたが、それを効果的な成長戦略につなげられないという大きな課題を抱えました。その原因が、過度なスリム化によって会社が蓄積してきたコアコンピタンスまでをも失ってしまったからだといわれています。

　今後の厳しい経営環境において企業が長期的な競争優位を維持していくためには、このコアコンピタンスの構築・強化が特に重要な課題となっています。会社の経営戦略では、この姿勢を明確にするとともに、どのようなコアコンピタンスをいかに構築・強化するかを明確化することが求められます。

(2) 企業の存続を確保する長期的戦略の構築

　ゴーイングコンサーンである企業は存続し続けなければなりません。商品やサービスにはライフサイクルがあり、どんなに市場に評価されたとしても、いずれは衰退して消滅する時期を迎えます。いまが好調だからと浮かれ

図表4-4◆事業のライフサイクル

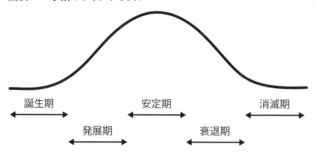

たり、衰退したといって慌てたりすることがないように、事業や製品のすべてにわたって、ライフサイクルにおける位置を見据えた長期的な戦略が求められます。

①事業のライフサイクルと各段階での戦略

個々の事業や製品については、ライフサイクルの段階ごとに適切な戦略が必要であり当然、段階により異なる戦略をとることになります。

図表4-4は事業のライフサイクルを図式化したものです。誕生期には需要創造・拡大のための投資が必要であり、発展期には「規模の経済性」と「経験曲線効果」を発揮する戦略、安定期には衰退期にそなえて、「事業の多角化」「範囲の経済性」追求によるライフサイクル克服の戦略、そして衰退期にはメンテナンスや代替品ビジネスなどを展開することになります。

なお、規模の経済性とは「大量に生産するほど生産するコストは下がること」、経験曲線効果とは「生産経験が増すほど生産するコストが下がること」、事業の多角化とは「多角化に現有の資源・技術・設備などが活用できること」、範囲の経済性とは「複数の事業を展開することでコストが下がること」を意味します。

上記を参考に自社の事業に合った戦略を策定します。

②戦略の方向性を確認するPPM分析

ライフサイクルの段階に応じた戦略的方向性決定を支援するマネジメントツールにPPM（Product Portfolio Management）分析があります（図表4-5参

図表4-5◆PPM分析

照)。縦軸に市場成長率、横軸に相対的マーケットシェアをとって事業や製品を分類します。分析の具体的な方法については専門の書籍などがありますのでそれを参照してください。ここではPPM分析の結果をどのように経営戦略に取り入れるかを説明します。

個々の事業や製品は4つの象限(ステージ)のいずれかに分類されます。左上のステージに入るのは、市場成長率が高くて相対的マーケットシェアも高い事業や製品です。このグループは「花形」(Stars)と呼ばれています。左下のステージは、市場成長率は低いが相対的マーケットシェアの高い事業や製品で「金のなる木」(Cash Cows)と呼ばれるグループを形成します。Cash Cowsという名称は、「どんどんミルクを出して稼いでくれる乳牛」から名づけられたようです。右上のステージには、市場成長率が高いが相対的マーケットシェアの低い事業や製品がきます。このグループは「問題児」(Wild Cats)と呼ばれています。Wild Catsとは山猫を指しますが、制御するのがむずかしいところから名づけられたようです。右下のステージは、市場成長率が低く相対的マーケットシェアも低いため、「負け犬」(Dogs)と呼ばれています。

それぞれのステージの事業や製品の特徴的な状況と経営戦略の方向は以下のとおりです。

【花形】（Stars）

　いまは収入が多い反面、成長を維持するために必要な投資も大きいために多くの収益が獲得できていません。自給自足の状態ですが今後の企業の成長を握っています。投資などの費用を削減する施策ではなく、この市場でのシェアを維持・拡大する戦略をとっていけば、次期の収益源「金のなる木」につなげることができます。

【金のなる木】（Cash Cows）

　シェアの維持に必要な費用よりもはるかに大きい収入が得られていて現在の会社の主な収益源になっています。この資金を活用して、花形は金のなる木に、問題児は花形にすることが大切です。

　またいずれは衰退する可能性が大きいことから、衰退を先延ばしする戦略も必要になります。

【問題児】（Wild Cats）

　市場成長率が高いのに自社のシェアが低い事業です。市場が成長しているので設備投資などに多くの資金を使うわりに、シェアが低いために収入は少なく「金食い虫」状態です。しかしこの事業は将来のスター候補でもあるわけです。会社が新規に参加した事業は当初、この問題児になりがちですから、シェアを伸ばすための戦略でしっかりと育てることが重要です。一方、シェアを伸ばすことが困難な場合には撤退の決断も求められます。

【負け犬】（Dogs）

　市場成長率も相対的シェアも低い状態です。撤退が基本ですが、業務プロセスの全面見直しなど徹底した合理化の戦略があればシェアを回復して「金のなる木」になりうる可能性もあります。

　PPM分析による事業戦略のポイントは、問題児を花形に育成し、金のなる木から潤沢なキャッシュを得ることです。キャッシュが足りないと花形は問題児になってしまいます。また花形が育たないと次の金になる木がなくなります。

　ゴーイングコンサーンをめざすべき企業の経営資源の配分は、金のなる木

図表4-6◆成功のモデル循環と失敗のモデル循環

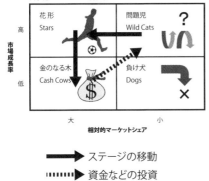

で得たキャッシュを問題児に集中投入して問題児を花形へ移行させ、花形で得た収益はその大半を花形自身に投入することで花形を成熟させ金のなる木に移行させることです。

図表4-6の左上が成功のモデル循環です。一方、これを怠って放置したり、個々の事業や製品だけに目がうばわれてしまうと右下のような失敗のモデル循環に陥ってしまいます。

このフレームワークは有名な定番であるがゆえに、分析方法についての課題や批判も少なくありませんが、まだ一度もPPM分析を試みていないなら、ぜひ上記の説明を参考に、自社の個々の事業や製品について取り組んでみてください。

これからの厳しい経営環境では、全体最適の視点で「選択と集中」をはかることが大切です。選択と集中の方策のための指針を考えるにはとても有効なツールだといえます。

(3) 競争優位を構築する

競合他社に対していかなる優位性を構築するかが競争優位の戦略です。事業戦略のなかでも中心となる重要なテーマです。

同じマーケットにおいても、その企業の市場での優位性（マーケットシェア）と使える経営資源の量および質により、用いられる戦略は当然、違ったものとなります。競争優位の戦略は、次の３つに大別されます。
　①コストリーダーシップ戦略
　材料や生産コストだけでなく、販売・流通などのコストを競合他社よりも低く抑えることによって競争優位性を構築する戦略です。コストを低くすることによって収益を確保したうえで低価格を実現できます。市場での価格を決定でき、価格が顧客の購入決定に大きなウエートを占める製品では圧倒的なシェアの獲得につなげられます。
　この戦略は一般消費財など大量に生産する製品に適しており、経営資源を豊富にもつ大企業に向いています。
　②差別化戦略
　競合他社が模倣しにくい特長を製品・サービスに付加して差別化し、競争優位性を構築する戦略です。製品の機能・性能といった本質の部分だけでなく、デザインや操作性あるいはサポートなども含めた部分で他社との差別化をはかり、コストリーダーシップ戦略に対抗するものです。
　大きなマーケットシェアをもつ大企業に対抗する戦略として有効ですが、その差別化がマーケットで大きな支持を得られれば市場でトップシェアを握ることも可能です。今後の経営環境を考えると、この戦略は特に重要です。
　③ニッチ戦略
　特定の市場に少ない経営資源を集中投入することにより限定的な競争優位性を構築する戦略です。上記ふたつの戦略が市場全体を対象としているのに対して、ニッチ戦略の市場は限られた範囲に絞られます。少ない経営資源を効果的に活用できるので市場でトップシェアあるいはそれに匹敵するシェアをもたない企業に向いています。
　ニッチ戦略成功の鍵は、「その限定された市場での差別化でトップシェアを握れるのか」、そして「それが維持できるのか」にあります。話題を集めたニッチ事業が数年後には跡形もなくなっているケースは枚挙にいとまがあ

りません。中小企業も手を出しやすい戦略ですが、上記を念頭において検討したほうがよいでしょう。

　ここまでで、自社の事業の方向づけができてきたでしょうか。明確化できなくても、漠然とした方向性でも構いません。実践はもちろん策定も日々の業務を続けながらも経営戦略を常に念頭においていると素敵なアイデアがわいてくるものです。一朝一夕でできるものではありませんので、できれば毎月一度は落ち着いた時間を設け、振り返りと見直しをします。

　また会議などの場で、日々の議題とは別に、幹部など関係者とも話し合う機会をぜひ設けるようにしてください。

§5　目標を実現する計画を立てる
―事業計画を策定する

1. 事業計画で戦略を具体化する

　経営計画は、策定された経営戦略、事業戦略を実現するために、具体的に、どのような目標をめざして（何を）、いつ、だれが、どのようにして実行するのかを明確にするもので、事業に関する計画（事業計画）を中心に投資や資金に関する計画（投資計画、資金計画）などを含めて策定されます（図表5-1）。以下ではその中心である「事業計画」について話を進めます。

　経営計画には「長期計画」「中期計画」そして「短期計画」があります。

　長期経営計画は、経営理念、将来のビジョン（事業領域、事業構造、経営機能、組織文化などに関するビジョン）、および長期経営指標などを示した10年以上の計画です。また長期経営指標としては売上成長率、利益成長率、売上高利益率、シェア、自己資本比率、総資本回転率、給与水準などがあります。株主、債権者（銀行など）、社員、取引先、さらには社会に対して企

図表5-1◆経営計画の種類

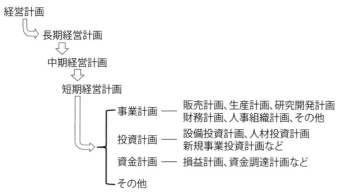

業がどのような方向や目標をめざすかを明らかにするのが主な目的です。

　これに対して中期経営計画は、長期経営計画をより具体的な目標達成の手段にブレークダウンすることを目的とします。

・どのような事業で、どのような製品・サービスを提供するのか
・それをどのような方法で
・いつごろまでに達成するのか
・それによってどのような数値目標を達成するのか

などを3～5年程度を見越して示します。

　また、短期経営計画は1年以下の計画です。一般的には1年間で区切られた計画のことをいいます。年間の経営目標を掲げてそれを達成するための方策、手順、日程を主体とする「業務計画」、およびそれを数値で示す「予算」という形で策定します。具体的なタイムスケジュールや方法、達成すべき数値目標を示すとともにおのおのテーマを毎月どこまで進めていくかなども明確にします。

　長期計画に沿って中期計画が策定され、中期計画が各年度に展開されたものとして短期計画が策定されます。

　会社の経営状況（業績の状況ではなくマネジメント状況）を把握する場合は、その会社の「事業計画」の扱い方（運用）やその中身が大変役立ちます。セクション3の事例6のように、規模の小さい企業でも経営戦略の策定からきちんと対応してとても優れた事業計画を立てて活用している会社もある一方で、中身の乏しい事業計画しか立てられていない大企業もあります。

　事業計画がなかったり曖昧だったりでは、行く先も航路も決めずに航海に出て大海をさまよっているようなものです。そのような状態では、とうていゴーイングコンサーンの使命を果たせるはずがありません。

　経営計画、中でもその中核となる事業計画は、何を目標とするのか、どうしてその目標を実現するのか、いつまでにだれが行なうのかなどを示すもので、規模の大小にかかわらず経営には必要不可欠です。それなのに事例8のような企業が多いのはなぜでしょうか。

> 【事例8】
> ①事業計画書の体裁が整っている規模の大きい企業
> ・具体的な方策がほとんど示されていないにもかかわらず、とても高い目標が設定されている
> ・社内の全部門の目標が「昨年度より10％増の売上」などのように現実的でない数値が設定されていて、「営業力の強化」など抽象的な表現がされている
> ②中小企業
> ・事業計画書を作成すらしていない
> ・経営者や経営幹部が事業計画書を「必要ない」「役立たない」と考えている
> ・経営者が、予算書や税理士などが示した「あるべき業績推移」などを事業計画書だと勘違いしている
> ・事業計画書を作成しただけで、その後はまったく役立てていない

経営の現場からみえてきたのは、次の2点です。
・事業計画の一般論は知っていても、具体的に事業計画を策定しようとしたら何をどうすればよいのかがわからず、手がつけられないままになっている。しかもいまさら聞けない
・自社に、あるいは自部門にそもそも事業計画など必要なのかの疑問を抱えたままになっている（不要だと思っているが本音を口に出せない）

確かにセミナーなどにおいては、一般論は説明されるものの、それに的確に応えている場は少なく、事業計画は割愛して業務手段をテーマとしているケースが多いようです。そこで以下では、「事業計画をどのように策定するのか」（事業計画の策定方法）を、セクション6では「事業計画の活用の方法」を具体的に説明し、事業計画への取り組みを阻害するふたつの原因を解消していきます。

2. 事業計画策定の手順

事業計画を策定するにあたって重要なポイントは、現実的な計画の策定を心がけることです。「第三者にみられても完全だと思われる計画をつくらな

ければならない」などとはけっして思わないでください。自社や自部門の身の丈にあった計画を立てることが経営をうまく進めるコツなのです。そうかといって何の戦略もないような計画では企業（部門）の成長はとうていのぞめません。この相矛盾する問題をクリアする戦略的な事業計画を立てるためには、次のような手順で進めると効果的です。

【手順1】

　計画は、中期計画と短期計画の双方の目的をもたせ、かつ販売計画、生産計画（調達・品質計画を含む）、人材および設備の投資計画などの部門別計画と収益計画を統合し、今後2～3年の「事業計画」として策定します。

　ここでのポイントはふたつあります。ひとつは、事業計画の期間を2年ないし3年とすることです。2年ないし3年くらい先までを見通して（イメージして）策定すると、経営者のみならず事業計画にかかわる人たちも実感をもってあたれることに加え、事業の先も予測しやすく現実的です。10年の長期計画は業界を牽引するような大手企業が社会に対して方向性を表明するような目的で策定する意味合いもありますが、中小企業や一部門の事業計画としては5年も少し長すぎるように思います。

　もうひとつのポイントは、ひとつの事業について全社で事業計画の策定を進めることです。販売、製造、開発、投資、財務など部門別の計画を個別に設定する必要は、中小企業ではまったくありません。「全体最適」を思い出してください。部分最適を追うことは、かえって経営がうまくいかない原因になります。社長がリーダーシップを発揮して全社で次の「手順2」「手順3」に取り組み、計画の骨子が固まったあとの実行段階から各部門に担当させるほうが効果的です。

　なお大企業の部門長の立場などでは、この「手順1」は担当外だと思いますので、「手順2」から取り組むとよいでしょう。

【手順2】

　計画の柱となる「課題」（テーマ）は、策定した事業戦略を実現するために新たに取り組む新規課題と、現在展開中の事業の発展・強化に関する既存

課題とに分けて、新規と既存それぞれでリストアップします。

　ここでのポイントは、新規課題と既存課題を分けて考える点です。経営戦略および事業戦略を実現するために策定された新規課題への取り組みが、現在進行中の事業の既存課題への取り組みと重複した内容になっていたり、方策の間に矛盾が生じることがあります。担当する要員が重なるケースも生じてきます。すると担当者はもちろん経営者でさえも、どうしても現時点で収益を稼いでいる目先の既存課題に目がいってしまいます。

　これが中小企業で戦略的な取り組みが進まない大きな要因です。この弊害を避けるために、「手順２」では次元を分けて、新規と既存のそれぞれについて検討し、「手順３」で総合的な判断をし、採用した課題について「手順４」で集中して取り組むと効果的です。このプロセスは経営の重要な場面に「リスクテイク」「選択と集中」「トレードオフ」という考え方を反映させたものです。

　具体的には、新規課題は、経営戦略→事業戦略のプロセスを経て策定された戦略の「どれを」「どのような方法で」「どこまでを」計画期間内に実現するかを明確にすることが主体になります。たとえば、「既存製品を新しい地域で販売する」事業戦略が策定されていたなら、どの地域で、どのような取り組みをして、いつまでに、それを実現するかなどの方策を考えます。そのために新たに必要となる費用や得られる収入、その結果としてどれだけの収益をあげられるかなど開始後数年間の数値目標も見積もります。

　一方、既存課題は、いま行なっている事業についての課題を特定してその解決策を講じることを主体とします。たとえば、競合分析や市場分析から他社と比べて売上が伸びていないことが課題として浮かび上がったなら、その原因を正確に特定して解消をはかり、売上の伸び率を回復するための計画を策定します。すなわち、どのような方法で具体的にどのような伸び率を目標にするのかなどを計画することであり、たとえば製品の競合力が劣っていることが原因であれば、「半年後までに○○のような改良製品を開発して10ヵ月後には売上を10％伸ばす」などとします。あるいは、事業戦略で全社財務

の観点からある既存事業の収益性向上が課題になっていたとします。このような課題は多くの企業が抱えていますが、特定部門だけの問題でないならば、収益の改善目標を決めて営業部門は販売拡大策や値売り策を、工場部門はコストダウンなどの具体策を実行する計画を立てることになります。どのくらいの収益改善が必要かによってその施策の中身も変わってきますが、目標を達成できる計画を立てなければなりません。

　なお、この段階での計画は、事業計画で採用するかどうかを決定するのが目的で実行計画ではありませんので、その目的を果たす範囲で要領よくまとめるにとどめ、採用された課題はあとで実行計画としてより具体化していきます（具体化については後述）。

【手順3】

　新規課題、既存課題としてリストアップされた計画案について、ひとつずつ課題解決のための施策や会社にもたらす効果を検討します。そのうえで全体を俯瞰し、課題の重要度、難易度、課題達成のために必要な要員や設備、負荷、収益性、会社の投資能力、さらにこの事業計画がめざす収益計画（予算）などを全社的視点から判断して、どの課題を採用し、どの課題は保留するかを決定します。

　最終判断は社長に委ねられますが、検討の段階では幹部社員に限らず幅広い範囲の意見に耳を傾けてロジカルな判断をすることが不可欠です。

【手順4】

「手順3」で採用を決めた課題に集中して取り組みます。保留とした課題は実施しないものの、一定期間（半年程度）後の事業計画見直し時に再度検討します。

　ここでのポイントは、確定された案に集中することです。採用されなかった計画案や思いついた案を勝手に実行しようとすることは、個々の部門はもちろん経営者もしてはなりません。どうしても変更が必要であれば幹部会議など正式な会議に諮り計画を修正します。規模の比較的小さな会社では社長や部門長が計画を勝手に変更したりすることを目にしますが、このようなこ

とは会社の発展を阻害しマネジメントのレベルを低下させるだけです。

【手順5】
　以上のプロセスを踏んで計画された事業計画のチェックと修正の最終段階です。この事業計画で目標が達成できるかを、感覚ではなく第三者的な目でロジカルに判断します。さらに、経営戦略の3年後の状況（イメージ）と合致するかをあらためて総合的に検討し、どこかに不十分な箇所、曖昧な点があれば、「手順2」および「手順3」を修正し「手順4」で再検討します。

3. 事業計画書の作成

(1)　数値計画（予算）の策定

　事業計画のなかでは、数値計画（予算）も策定します。策定にあたっての基本は次の2点です。

①事業計画を策定する期間について年度ごとの予算を策定する
②前期など過去の実績および今期見込みのデータを基礎に事業計画の施策を反映して理にかなった予算策定をする

　①は決算書が1年間の年度ごとに作成されるために当然なことです。上場企業では四半期ごとに決算報告をすることが義務づけられていますから、四半期ごとの策定が必要です。

　予算の策定には②がとても重要です。現状をしっかりと把握したうえで予測される状況変化と計画された施策がなければ予算とはいえず、ただの願望を示したものにすぎません。事業計画に予算だけが記載されていたり、事業計画と予算のつじつまがまったく合わないといった例をみかけますが、「現状」「状況変化」「施策による効果」の3点について説明がつけられる予算を策定することが大切です。この概念を示したものが**図表5-2**です。

(2)　実効性のある事業計画策定のポイント

　繰り返しになりますが、事業計画の策定でまず大切なことは、課題（経営課題）を正しく特定することです。課題が正しく特定できればその解決策を

図表5-2◆予算の策定

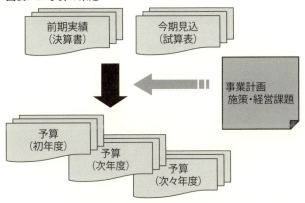

予算には、施策が存在しなければならない

講ずることで課題解決につなげられますが、ここを間違えると以降の計画がすべて的外れになってしまいます。経営者や経営幹部自らが「経営の現場で、現物をみて、現実を把握する」といった厳しい姿勢で、問題の核心を徹底してあぶり出します。

　それによって、経営者や経営幹部自身の痛みをともなうこともありますが、自分の都合で問題を歪めたりしてはなりません。これを踏み外すと業績が低迷するだけではすまず、場合によっては企業が消滅する恐れさえあるのです。それほど、課題の特定は重要なものです。

　なお、経営課題の特定（あぶり出し）にあたって有効な「物差し」となるのが、「経営の基本理念」（4つの物差し）です。この基準で測ると表面的な原因ではなく、真因に迫ることができます。

　そして次に大切な点は、明らかにされた問題の核心に対して「これさえやれば必ずそれが解決できる」方策を徹底して講じることです。現状を冷酷にみつめてあるべき姿との違いを明確にし、その差が確実に埋まる方策をすべて講じなければ目的は果たせません。変化を嫌う社員、やる気のない社員は必ず、「少しずつ改善しよう」「とりあえず思いついたことから始めてみよう」「知っていることやできることから取りかかろう」などの行動をしてき

ます。幹部社員だから、専門家だからと任せきりにするなどの油断をせずに、現場で現実を直視して確実な解決策を立てることが欠かせません。

(3) 事業計画書の作成

経営革新のための事業計画書には
- 事業計画でめざすもの（計画の概要および目的）
- 計画の背景（市場の動向、外部環境、自社の特質など）
- 事業計画で取り組むべき「課題」（テーマ）と、めざす目標
- 各テーマの具体策
- 具体策の担当部署や責任者、マイルストーン（日程）
- 計画年度ごとの利益計画（予算）

などを具体的に示します。

特に決まったフォーマットはありませんので、自社に合った様式でつくればよいでしょう。詳細は文章で表現することになりますが、計画の概要はグラフなどを活用し「見える化」すると関係者の理解を得やすくなります。

図表5-3は、実際に活用されている、テーマやマイルストーンなどがわかりやすく図示された事業計画書の例（イメージ）です。

事業計画書については、起業のための融資や補助金の申請、あるいは金融機関から融資を受けるためなどの事業計画書のフォーマットがWEBサイトや書物などに紹介されていますが、経営革新のための事業計画書は、それらとは趣旨も目的も異なります。社長が社員をはじめ、すべての関係者に経営方針とその具体策を示してやりきる決意を表明し、すべての関係者の積極的な協力を引き出すためのものなのです。

図表5-3◆事業計画書（例）

<サンプル> AAA株式会社 事業計画

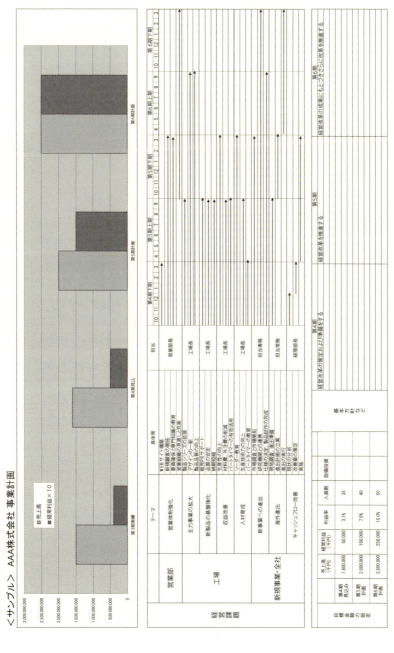

第2章◆戦略を計画的に実行する　69

§6 計画を力強く実行する
―事業計画の実践

　セクション5では、経営に活用できる事業計画の策定方法や考え方について説明しました。本セクションではそれに引き続き、策定された事業計画を実施計画に落とし込み、確実に実施して結果を出す方法に話を進めます。
　事例9は、事業計画を推進している企業とそうでない企業の例です。

> 【事例9】
> 　①K社では毎月社長が開催する経営会議が行なわれる。会議の目的は「事業計画で策定された施策を各部門が予定どおりに実行しているか」および「その施策によって期待した効果が出ているか、あるいは効果が得られるか」の確認と対処である。各部門の施策の進捗は事前に進捗状況を示す資料が提出されていて経営会議では未着手や遅れているテーマについて原因究明と対策を主体に検討がされる。担当部署だけで解決できない課題や実践してはじめてわかってきた問題への対処などもこの会議で決定している。この制度を始めて約2年が経過するが、社長はいままで目が届かなかった各部門や顧客の状況が客観的に把握できるようになった。計画と実績の差も小さくなり、社員のベクトルも揃ってきている。
> 　②L社のL社長、急に幹部を招集して会議を開いた。先ほど顧問税理士から届いた月次決算書をみて先月の売上が前年と比べて大きく落ち込んだのを知ったからである。業績を大きく落とした部門の責任者は社長から強い叱責を受けた。幹部の沈黙が続いたあと、「頑張ります」で会議が終わった。

　両極端の例をあげましたが、残念ながら②に近いケースも多く見受けられます。計画を確実に達成するためには、実行中のしつこくて粘り強い取り組みがとても重要です。
　計画を作成する段階は、経営者の関心も深く、多彩な知識や知恵を集約し、ひらめきも大切な要素として求められます。そのためこの過程は結構おもしろいものです。一方、策定した計画を確実に実行する段階では、同じこ

とを粘り強く繰り返すなど地道な活動になることから、あまりおもしろみは感じられません。また、やっと完成した事業計画にほっとして、そのまま放置したり、以後の工程は部下に任せたりしがちです。しかし一見、地味なこの実行段階は、深みがあり、知恵も知識も工夫も必要となる、取り組みがいのあるものであることがわかってきます。以下では、この「事業計画の実践」について詳しく説明します。

1. 事業計画実践のステップ

まずは、事業計画実践段階で重要なマネジメントプロセスであるPDCAサイクル、およびこれに取り組むにあたって経営者に求められる対応を取り上げます。

⑴　PDCAサイクルを回す

マネジメントプロセスとは「個人が単独でできない結果を達成するために、他人の活動を調整する活動」と定義されます。そのひとつのモデルがPDCAのサイクルであり、事業計画を円滑に推進して良好な方向へ導く手段として活用されています。

PDCAサイクルは、デミング（W. Edwards Deming）によって提唱されたモデルで、計画（Plan）、実行（Do）、評価（Check）、改善（Act）のプロセスを順に実施して最後の改善を次の計画に結びつけ、らせん状に繰り返すことを通じて計画を正しい方向に向かわせる手法です。PDCAサイクルの概念を図に示すと**図表6-1**のとおりです。PDCAサイクルは、事業計画を実践する段階には特に有効な方法なことから、この考えに沿って順番に説明していきます。

⑵　ロジカルな対応とソフトな対応を使い分ける

ところで、事業計画の策定までは経営者や経営幹部が主体となって進められます。そしてそこでは、クールでロジカルな対処が重視されます。一方、

図表6-1◆PDCAサイクル

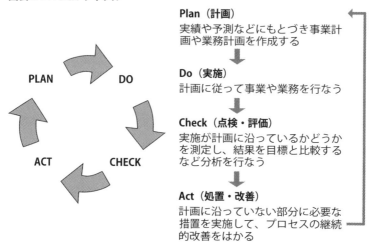

事業計画を実践して結果を出す過程は、社員をはじめ関係者全員で取り組まなければなりません。そこで多様な人々を動かすための動機づけも重要になってきます。したがってこの事業計画の実践段階では、経営者がそれぞれの場面に適応したギアチェンジをすることが成功へのポイントとなります。すなわち、①分析や方策決定、事業計画を着実に進めるための仕組みづくりなどはハードな対処で、②社員を中心とする関係者の動機づけなどはソフトな対処でといった具合に、両者を場面に応じてうまくギアチェンジし、正しく使い分けることが大切です。

(3) 完成させた施策案を実践する

事業計画は8つのステップで進められます。
 ・ステップ1…自社のおかれている市場環境、自社の特質を正確に把握する
 ・ステップ2…自社の目標を定める
 ・ステップ3…目標と現在の自社のギャップを正確に把握する
 ・ステップ4…目標を達成するための施策を定める。それにもとづき実行

計画を策定する
- ステップ5…社員やステークホルダーに対して、計画およびその計画がなぜ重要かを正確に理解させて、達成のための動機づけをする
- ステップ6…全社で組織的に実行計画を実施する
- ステップ7…実行計画の進捗状況および結果を定期的に計測する
- ステップ8…計測した結果を解析し、必要に応じて見直し、達成に必要な施策を講じる

【ステップ1～4】

「目標を達成するための施策を定める」まで（ステップ1～3、および4の前半）は事業計画の策定の段階であり、基本的なことは明確にされているはずです。しかし、事業計画策定の段階では詳細まで詰められていないので、ここでは具体的に実行する立場で施策を確認します。これによって、策定はトップダウンで、実行はボトムアップでと双方から計画がチェックでき、より的確で実現しやすい施策が設定できます。そのうえで、ステップ4の後半「実行計画を策定する」に進みます。

【ステップ4】（後半）

施策をさらに具体的な施策へとブレークダウンします。これは「施策の連鎖」と呼ばれるもので、事業計画を実現するために必要な施策をすべてリストアップし、そのすべてについて、「いつまでに」「どのような方法で」「だれが担当して」達成するのかを時間軸（日程）に沿って明確に示します。また、並行してできることや実行順のあるもの、短期間でできることや時間がかかることなど、いろいろな施策をあらかじめすべてあげておきます。実行計画がスタートし、何か問題が起こってから調整していては計画の達成がいつになるかわかりません。また、それでは泥縄状態になりかねません。

これによって、計画を達成するためには、どの部門で、だれが、いつまでに、何をしなければならないかがとてもはっきりしてきます。ある一つの施策が完了しなければ、会社全体にどのような影響を及ぼすかも明確になりますので、作業は社長だけでなく、部門のリーダー、さらには担当者も参加し

図表6-2◆全社目標の各組織における分担

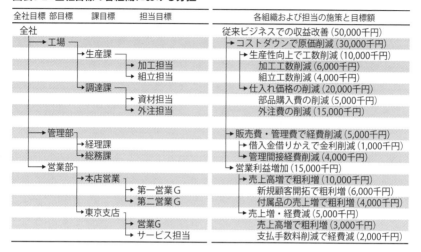

て検討、決定していきます。

「全社目標の各組織での分担」および「ブレークダウンされた施策と実施計画」の例を示したものが**図表6-2**、**図表6-3**です（双方の内容は関連していません）。

この「施策をブレークダウンする」は仕組みづくりにあたる部分で、前述の経営者のギアのハードに該当します。

【ステップ5】

完成した実施計画を社員全員に説明します。ここが社長のリーダーシップ発揮のしどころで、社員のモチベーションを向上させるためにもっとも重要な箇所です。

「なぜこの事業計画が会社にとって必要なのか、これを達成すれば会社はどのようになれるのか。逆に、達成しなければ会社はどうなるのか。そして、この経営計画を実現するために各部門はいつまでに、何をしなければならないか。個々の社員はいつまでに何をしなければならないか」を、情熱をもってわかりやすく説明して全社員に協力を要請します。他社の成功事例や格言

図表6-3 ◆ブレークダウンされた施策の実行計画書の例

「東京工場」

記入期日　〇〇〇〇年3月1日

〇〇〇〇年6月末時点での評価
〇〇〇〇年7月2日幹部会へ報告の例

経営課題	達成された状態・目標値	経営課題 課題 (方法・手順・教育など)	PLAN 経営課題を達成するための方策	担当	DO (上段:計画、下段:実績または見込、破線は見込) 〇〇〇〇年 4 5 6 7 8 9 / 〇〇〇〇年 10 11 12 1 2 3	内容・備考など
コストダウンで 原価低減 30,000千円	コストダウンが体系的に進められる仕組みを構築して、進捗度をそれらの評価尺度で明確にする。		工場の生産課および関連部門で、コストダウンの具体的な施策および目標値を策定させ、連携管理して、月次ミーティングにより進捗状況を報告させる。加えて人事部による各部の目標を個人目標にリンクさせて、これらの施策の進捗度合いを適正に評価できる仕組みを作る	工場 総務課長		フォーマットを定めた。目標および施策の設定を完了した。評価のための目標管理制度を作成して人事部の承認を得た。
	生産性の向上で工数を削減する 10,000千円		加工方法を見直して、加工工数を削減する 3,000時間削減 6,000千円削減	工場 生産課長 (加工グループ)		6月末までの目標1,000時間に対して、成果は700時間、後半の3ヵ月で目標奪回をめざす。
			作業工程を見直して、組立工数を削減する 2,000時間削減 4,000千円削減	工場 生産課長 (組立グループ)		6月末までの目標800時間に対して、成果は800時間、後半の3ヵ月も計画どおりの進捗を確保する。
			特定のバレットができない業務を実施する 加工3工程 組立2工程 手順書の作成・作業指導を実施する	工場 技術課長		着手が遅れたために、6月末までの計画(加工3工程、組立2工程)の計画に対して、加工2工程・組立2工程を完了した。計画の3ヵ月までに残った加工工程を完了する。
	仕入れ価格の低減のコストダウンをはかる 20,000千円		部品・購入品の購入単価を見直す 購入額5,000千円削減	工場 調達課長 (資材担当)		数字の達成に先立って、他部署のサポートが必要な目配りをつけた。
			外注加工費・委託費を見直し、15,000千円削減	工場 調達課長 (外注担当)		6月実施は計画10,000千円に対して、8,000千円削減した。残る計画については転注先を検討中
仕掛品の削減 50,000千円	生産工期短縮により仕掛品を削減する		上記、組立工期の削減 受注から完成までの工期を平均10%短縮 30,000千円削減	工場 生産課長		数字の達成に先立って、他部署のサポートが必要な目配りをつけた。
	仕掛品の有効活用により遊休仕掛を削減する		開発部門と連携して、遊休仕掛を削減する 20,000千円	工場 生産課長 (開発部担当)		4月より工期短縮プロジェクトを立ち上げ、6月末まで、ほぼ計画通りに進捗している 遊休仕掛をリストアップして、開発部署と打ち合わせを実施して、高額の仕掛品から削減をはかる。

完了 (5/15)

上段：計画　下段：実績（実線）開発見込み（破線）
⇒ 予定どおり進捗している
⇔ 予定より進んでいる
⇌ 予定より遅れている

注記）特に記載のない場合の数値は上半期についての数字

第2章◆戦略を計画的に実行する　75

など説得性のある話題を取り入れて啓蒙することも、社員が計画を理解してその気になってもらうにはとても有効に働きます。この全員への周知はソフトギアで行ないます。

【ステップ6】

いよいよ実行の段階です。ここで重要な点は、全社員で実行することです。担当する部門や担当者だけでなく、全社でそれを支援することが欠かせません。特に総務、経理、人事などの管理・間接部門の協力が不可欠です。協力というより、支援という表現のほうが適切でしょう。管理部門は実行部門を上から目線で管理・監督するのではなく、事業計画を十分理解して実行部門が困ったときには積極的に支援する体質が求められます。このような体質を構築していくのも、社長の重要な任務です。この「全社員で実行」もソフトギアで行ないます。

【ステップ7～8】

進捗状況をしっかりとチェックし、対策を講じます。実施計画に対する社員の理解が十分あり、また間接部門が協力的であっても、まだ安心はできません。社長が主体になって、こまめに進み具合をチェックします。施策が実行されていないことが実は多く、特に現状からの改革をはかるような重要な計画ほど、その傾向が強くみられます。日頃の忙しさを言い訳にして取り組もうとしなかったり、歴史の古い会社や古参社員などに、それがしばしば見受けられます。このような企業体質を乗り越えるためには社長自らが先頭に立つしかないのです。

図表6-3で示した「ブレークダウンされた施策の実行例」のシートは、施策がどの程度進んでいるかをチェックする機能も果たすよう、どの施策がどの程度進んでいるか、予定どおりなのか遅れているのかが「見える化」されています。

またどんなに優れた事業計画であっても、どんなに緻密に作成されていたとしても、実行がスタートすると必ず当初の予測と違いが生じてくるものです。これも定期的にこまめにチェックして、その原因を明確にし、効果のある

対策を講じるといったフォローが、目標を達成するためにはとても重要です。

2. 計画実行を確実なものにする

この項はステップ8に該当します。

(1) 経営改革会議の設置

　ステップ7であげた「効果のある対策を講じるためのフォロー」とは、具体的にどのようにすればよいのでしょうか。みなさんの会社には、状況の進捗チェック機能をもつ場がありますか。驚くことにこのような場を設けている企業はとても少ないのです。業績のチェックは熱心にしていても、事業計画など施策の進み具合の確認はなされていなかったり、社長が気づいたときや業績が悪くなったときだけという会社も多いようです。

　事業計画を策定して会社を発展させるためには、計画の進み具合をチェックし、進んでいない場合はどのようにしてリカバーするのかを考えて決めることを主体とする会議を定期的に、少なくとも毎月一回は実施することが必要です。会社の発展、業績の向上が事業計画の最終目的ですから、毎月の業績を振り返る会議と一緒にしてもよいでしょう。「事業計画」をチェックする場ですから「経営会議」「幹部会議」などの名称が一般的ですが、意識改革を意図して筆者は「経営改革会議」を提唱しています。

　経営改革会議は、毎月何日の何時から開催するなどを早くから取り決めておきます。「お客様の都合で欠席します」といってわざと来客日時や顧客訪問をぶつけて逃げようとする幹部もみかけますので、重要な会社の行事とあわせて1年間の日程をあらかじめ決めておき、社長が主催のうえ、よほどの事情がない限り欠席は許さないことです。また、出席者には事前に自分が担当する施策の進み具合を確認させて、会議でその対策を主体に審議するといった運営により、会議を効率的に進めるとともに、停滞している問題や社長の判断が必要な問題も早期に見つけ対応していきます。業務によって得られる成果（結果）ではなく施策の実行（行動）を重視する姿勢を示すこと

も、事業計画を確実に実践させるには大切です。

　はじめのうちは慣れないこともあって、ともすればこのような対応を怠りがちですが、ここは社長が先頭に立って「しつこく」対応して、この仕組みを早く定着させるようにすると、組織文化として会社のなかに定着させることができます。

　さらに、このチェックの過程を通じて、社員がどのように考えているのか、何に困っているのかなど、いままで直接には把握できなかった本音の部分がとてもよくみえてきます。加えて相手には、社長が何をのぞんでいるのかも正確に伝わることから、社内の風通しがとても良くなります。改革への取り組みが苦ではなく楽しくできる基盤はここからできてきます。

　このチェックと対策の段階は、ハードギアとソフトギアの両面でのフォローになります。

(2) **進捗状況に応じて計画を修正する**

　事業計画実践の最終段階にあたるのが、ステップ8の「計画の修正」です。ステップ7で進捗状況をチェックすることにより、遅れが生じている場合はその真因が明らかになります。そして、その原因が計画以外にある場合はその原因を取り除き、原因が計画そのものや計画に関連している場合には施策を見直します。また計画や社内の取り組みにはまったく問題がなく計画どおり進んでいたとしても、お客様など外部の状況が大きく変化していると計画そのものを修正することも起こりえます。そのようなときには、ためらわずに計画の見直しをします。事業計画は不確かな状況を読みながら進めるものですから当然、途中での軌道修正も必要なのです。

　また、事業計画や施策が間違っていたということも考えられます。そのような事態が明らかになった際は、勇気をもって計画を見直します。事業計画や施策は経営者の意向が強く反映されるケースが多くあることから、経営者がプライドや面子にこだわり見直しを避けるような行動をとったりしがちですが、計画を見直すという社長の謙虚な姿勢は社員に好印象を与え、協力も

得やすいのです。

　以前は目標を慎重に定めていったん計画を決めたらよほどのことがない限り変更するものではないといった考えが経営学においても主流でしたが、現在のような変化の激しい時代には、目標自体も時間の経過とともに変更することを戦略とする考え方に変わってきています（前述の「プロセス型戦略アプローチ」）。見直すことはなんら恥ずかしいことではなく、変化しているのに何もしないことこそが、経営者としての資質が問われる恥ずべきことです。もちろんこのような計画の変更は社長が勝手に決められるものではなく、先述の経営改革会議で検討して決定します。

　以上のようなプロセスを繰り返して計画の達成をめざします。はじめのうちは面倒だと思われるかもしれませんが、この習慣を会社全体で身につけられれば、驚くほど計画を楽しくしかも確実に達成できることが実感できます。

(3) 予算の実行計画策定と予算・実績管理

　ところで、事業計画策定のなかでは、数値計画（予算）も確定されているはずです。予算の実行計画はそれをもとにして次のように策定します。

① 細分化して各部門の実行計画に展開して示す（営業部門には販売予算、製造部門には製造予算、管理部門では経費予算など）

② 決算書の科目に従ってまとめられている事業計画の予算書を、実行計画では実行やフォローアップのために必要な詳細項目にまで展開する（売価・原価の把握を個々の案件や個々の製品ごとにできるようにするなど）

③ さらに月次予算として月ごとの予算に展開する。この月次予算は単に毎月、年次予算の12分の1とするのではなく、月々で変動する売上や費用の状況を反映させる

図表6-4は各部門への展開と項目展開の概念図です。

　以上のようにして策定された実行予算に従って業務が進められ、その差異

図表6-4 ◆ 予算の各部門への展開と管理項目（管理が必要なレベルまでの細分化）

予算の展開

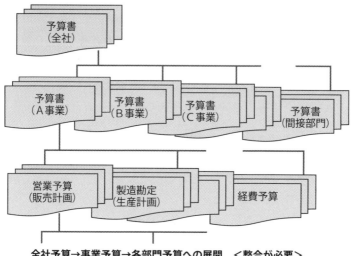

全社予算→事業予算→各部門予算への展開　＜整合が必要＞

決算書（明細書）レベル

販売費および一般管理費

給与および賞与　→　{ 基本給 / 手当 / 賞与 / 報酬 / 時間外給与 }　← 組織ごとの把握が必要

租税公課　→　{ 固定資産税 / 自動車税 }

支払手数料　→　{ 税理士顧問料 / 社会保険労務士顧問料 }

減価償却費　→　{ 建物 / 機械・設備 / 車両 }

を明確にすることから予算・実績管理が始まります。単なる数字の差異分析だけでなく、施策との関連もチェックします。この予算・実績管理のフォローも経営改革会議の主要なテーマです。

予算・実績管理は経営のPDCAサイクルを回すための絶対条件です。経理業務を単なる事業の結果を出すものにとどめず、経営コントロールの重要な要素としてとらえ、経理業務や経理組織をそのような観点から見直すことも重要です。

「業績管理データ」および「売上管理データ」の例を示すと**図表6-5**のとおりです。

(4) 問題解決型から課題達成型への転換

以上のようにして緻密につくられた事業の実践計画やフォローする仕組みがあっても、実行する「人」がやる気をもって動いてくれなければ事業計画は進みません。現場からみえてきた「計画どおりに進まない原因」についてはセクション5で取り上げ、そのうちの「何からどうしたらよいのかわからない」に対処する具体的な方法を明らかにしてきました。

経営計画の意義や目的についても理解できているはずですが、依然として、本音では「わが社に経営計画など必要なのか」と思っている経営者自身や経営幹部も少なくありません。特に現在の事業で利益を得ている企業のベテラン経営者や経営幹部などは、一途に既存の社業を推進してきた場合ほど、その想いが強いようです。「うまくいっているのになぜそんな面倒なことをしないといけないのか。そんな暇があったらお客さんのところへ行ってもっと売るほうが儲かる」との言葉を幾度も筆者は聞いてきました。

部門のリーダーや社員からは「いまの業務で手いっぱいなのにさらに次の施策を考えて取り組むことなんてとうていできない」との声が聞こえます。業務に懸命に取り組んでいる方ほどその想いが強く表われます。

ではどうすればこの問題が解消できるのでしょうか。筆者が実際に企業経営に携わっていた時期に、この問題解決に大きな勇気を得たのが、ドラッ

幹部会報告資料
図表6-5◆「業績管理データ」「売上管理データ」(例)
○○○○年度 上期 業績利益見込 ○○○○年6月X日 幹部会・役員会

管理部

			当期予算	4月実績	5月実績	前月までの実績累計	予算進捗率	6月見込み	上期見込	備考
A事業部	売上高		400,000	65,234	63,532	128,766	32.2%	62,000	400,000	
	発生費用	労務費 計	89,748	12,452	11,855	24,307	27.1%	12,519	89,000	
		内賞与	12,534	2,089	2,089	4,178	33.3%	2,089	12,000	
		除賞与	77,214	10,363	9,766	20,129	26.1%	10,430	77,000	
		間接経費	17,736	4,005	2,848	6,853	38.6%	3,399	18,000	
		間接費計	107,484	16,457	14,703	31,160	29.0%	15,918	107,000	
		直接材料費	200,000	27,857	33,672	61,529	30.8%	36,000	200,000	
		直接経費	6,000	544	927	1,471	24.5%	505	5,000	
		直接費計	206,000	28,401	34,599	63,000	30.6%	36,505	205,000	
		発生費用合計	313,484	44,858	49,302	94,160	30.0%	52,423	312,000	
	材料比率(材料費/売上高)		50.0%	43%	53%	48%		58%	50%	
	売上原価		313,484	44,858	49,302	94,160	30.0%	52,423	312,000	
	原価率		78.4%	69%	78%	73%		85%	78%	
	売上利益		86,516	20,376	14,230	34,606	40.0%	9,577	88,000	
	販売費		28,000	6,835	5,224	12,059	38.9%	5,879	30,000	
	一般管理費 ※		18,500	3,332	3,820	7,152	26.0%	4,591	18,500	
	営業利益		40,016	10,209	5,186	15,395	38.5%	5,342	39,500	
	売上高営業利益率		10.0%	15.6%	8.2%	12.0%		8.6%	9.9%	

※ 一般管理費のA事業部への配賦率:18.5%

			当期予算	4月実績	5月実績	前月までの実績累計	予算進捗率	6月見込み	上期見込	備考
本社管理	一般管理費用	労務費 計	35,000	5,820	5,670	11,490	32.8%	5,500	35,000	
		内賞与	9,000	1,520	1,520	3,040	33.8%	1,520	9,000	
		除賞与	26,000	4,300	4,150	8,450	32.5%	4,250	26,000	
		間接経費	45,000	7,800	7,430	15,230	33.8%	7,500	45,000	
		役員関係	20,000	3,300	3,300	6,600	33.0%	3,300	20,000	
		間接費計	100,000	16,920	16,400	33,320	33.3%	16,300	100,000	
	事業部門への配賦		100,000	16,920	16,400	33,320	33.3%	16,300	100,000	

社外秘

○○○○年度　売上予実管理

○○○○.7.1
単位:千円

		上期																			上期合計			下期																			下期合計			通期合計		
		○○○○年4月			○○○○年5月			○○○○年6月			○○○○年7月			○○○○年8月			○○○○年9月						○○○○年10月			○○○○年11月			○○○○年12月			○○○○年1月			○○○○年2月			○○○○年3月								
		計画	実績	補	計画	実績	補	計画	実績	補	計画	実績	補	計画	実績	補	計画	実績	補	計画	実績	達成率	計画	実績	補	計画	実績	補	計画	実績	補	計画	実績	補	計画	実績	補	計画	実績	補	計画	実績	達成率	計画	実績	達成率
A事業部	α製品	2,000	2,271		2,000	3,161		2,000	1,900		2,000			2,000			2,000			12,000	7,332	61.1%	2,000			2,000			2,000			2,000			2,000			2,000			13,000	0	0.0%	25,000	7,332	29.3%
X工場	β製品	15,000	12,230		14,500	13,450		17,500	22,710		16,000			17,500			18,500			99,000	48,390	48.9%	17,000			17,500			17,000			15,500			17,000			20,000			104,000	0	0.0%	203,000	48,390	23.8%
	γ製品	14,200	15,220		13,500	14,560		15,000	14,660		14,900			12,800			12,800			83,200	44,540	53.5%	15,100			14,400			13,200			12,400			13,800			14,400			83,300	0	0.0%	166,500	44,540	26.8%
X工場 合計		31,200	29,821		30,000	31,171		34,500	39,270		32,900			33,300			33,300			194,200	100,282	51.6%	35,100			33,900			32,200			29,900			32,800			36,400			200,300	0	0.0%	394,500	100,282	25.4%
Y工場	δ製品	7,500	7,512		7,500	7,374		7,500	8,390		7,500			7,500			7,500			45,000	23,276	51.7%	8,000			8,000			8,000			8,000			8,000			8,000			48,000	0	0.0%	93,000	23,276	25.0%
	φ製品	14,000	13,530		15,000	15,600		14,500	13,800		15,000			14,000			14,000			86,500	42,930	49.6%	14,000			14,000			14,500			15,000			14,500			15,000			88,000	0	0.0%	174,500	42,930	24.6%
	ω製品	15,000	10,560		14,500	12,350		17,500	22,710		16,000			17,500			18,500			99,000	45,820	46.1%	17,000			17,500			17,000			15,500			17,000			20,000			104,000	0	0.0%	203,000	45,820	22.5%
Y工場 合計		36,500	31,602		37,000	35,324		39,500	44,900		38,500			39,000			40,000			230,500	111,826	48.5%	40,000			39,500			39,500			38,500			39,500			43,000			240,000	0	0.0%	470,500	111,826	23.8%
A事業部 合計		67,700	61,423		67,000	68,495		74,000	84,170		71,400			71,300			73,300			424,700	212,088	49.9%	75,100			73,400			71,700			68,400			72,200			79,400			440,300	0	0.0%	865,000	212,088	24.5%
A事業部 構成比率		49.2%	47.3%		45.6%	47.4%		47.7%	46.9%		46.5%	#DIV/0!		49.8%	#DIV/0!		44.6%	#DIV/0!		47.2%	47.2%	50.2%	48.1%	#DIV/0!		44.6%	#DIV/0!		43.8%	#DIV/0!		45.8%	#DIV/0!		46.9%	#DIV/0!		49.5%	#DIV/0!		46.8%	#DIV/0!	46.8%			47.2%
B事業部	M工場	20,000	21,560		20,000	19,870		21,850	21,850		22,000			21,000			21,000			125,850	63,280	50.2%	21,000			21,000			22,000			21,000			22,000			21,000			128,000	0	0.0%	254,000	63,280	24.9%
	N工場	50,000	46,438		60,000	53,803		60,000	73,547		60,000			50,000			70,000			350,000	174,228	49.8%	60,000			70,000			70,000			60,000			60,000			60,000			380,000	0	0.0%	730,000	174,228	23.9%
B事業部 合計		70,000	68,438		80,000	73,673		81,000	95,397		82,000			72,000			91,000			478,000	237,508	49.9%	81,000			91,000			92,000			81,000			82,000			81,000			508,000	0	0.0%	984,000	237,508	24.1%
B事業部 構成比率		50.8%	52.7%		54.4%	52.6%		52.3%	53.1%		53.5%	#DIV/0!		50.2%	#DIV/0!		55.4%	#DIV/0!		52.8%	52.8%	49.8%	51.9%	#DIV/0!		55.4%	#DIV/0!		56.2%	#DIV/0!		54.2%	#DIV/0!		53.1%	#DIV/0!		50.5%	#DIV/0!		53.2%	#DIV/0!	53.2%			52.8%
合　計		137,700	129,861		147,000	142,168		155,000	179,567		153,400			143,300			164,300			900,700	449,596	49.9%	156,100			164,400			163,700			149,400			154,200			160,400			948,300	0	0.0%	1,849,000	449,596	24.3%

第2章◆戦略を計画的に実行する　83

カーが経営（マネジメント）の本質について説明している次のような内容の言葉です。

「組織（企業）は継続と変化の双方が行なわれて発展していく。安定を求めて現状維持に甘えていては生き残れない。継続と変化という矛盾することを乗り越えることが重要だ。そのためには組織（企業）のなかに変化を歓迎する仕組みや風土をつくらなければならない。それは日々の改善であり、既存の製品・サービスの進化であり、それこそが価値の創造としてのイノベーションである」

ドラッカーは、けっして「変化」だけが必要だとはいっていません。「変化」だけでは企業は成り立ちません。

・現状に問題があればまずそれを解決して安定させる［継続］
・現在の課題が解決したならば現状に甘んじず成長・発展の目標を明確にする［変化への準備］
・その目標にできるだけ早く近づくための作戦（方策）を実施する［変化］
・目標に到達したらいつも安定して楽にその目標が達成できるようにする［継続］
・その目標が安定したらそれに甘んじずさらに次の目標をめざす
・このようにして変化を企業に根づかせる［継続と変化の相克］
・この取り組みはいままでと違ったことではなく、日々の改善や既存製品の進化などから生まれるもので、それこそが価値を創造するイノベーションである

このように「継続」（安定）と「変化」（改革）の関係を理解して取り組むことが企業の発展には必要です。いまの業務に懸命に取り組んでいることがけっして否定されているわけでなく、頑張っているからこそ次への変化に気づくことができ、それが求められているのだと考えることが重要なのです。

この考えを部門長などのリーダー層にも根づかせて、「管理型」（問題解決型）リーダーから「改革型」（課題達成型）リーダーへと転換させることが求められます。それを示すものが、「企業発展のモデル」です（**図表6-6**）。

図表6-6◆企業発展のモデル（継続と変化の関係）

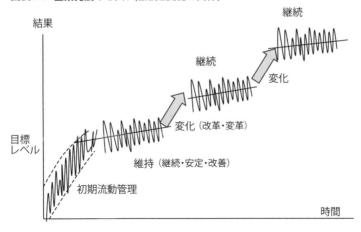

　事業計画を成功させるには、社内にこのような動機づけを行なって全社員の意識を向上することが不可欠です。またせっかく意識づけをしても、従来の受注額や粗利などの結果のみで考課（評価）をするのでは意味がありません。結果重視から課題への取り組みなどのアクションやプロセスを重視するように改めることも必要です。

　克服がとてもむずかしい問題ですが、経営者がソフトギアで地道に取り組むことが最良の方法といえます。

第3章
会社を飛躍させる

お客様や社会の変化をとらえ、
組織力と経営力で
企業の存続と発展をはかる

§7 組織と人を動かす
―組織行動のコントロールと人的資源の活用

1. 組織文化の形成と人材の高度化

　いくら優れた戦略と計画があっても、いくら優秀な経営者がいてもそれを実行するのは「人」であり、人で構成された「組織」が動かなければ、目標を達成することはできません。そこで、以下では「経営における人と組織」について話を進めます。

　アメリカの経営学者チャンドラー（Chandler Jr, A.D.）は1962年に「組織構造は戦略に従う」との命題を示しました。その後1979年に、同じくアメリカの経営学者アンゾフ（Ansoff, H.I.）は、「戦略は組織に従う」との、まったく逆の表現の命題を示しています。両者は、「戦略にもとづいた組織を構築することが基本だが、組織能力を超えた戦略を採用しても成功する確率は大変低く、すばらしい戦略も結実しない」と解釈できます。経営戦略を実行するためには、「組織行動のコントロール」が戦略そのものと同じレベルで重要なのです。

　また『ビジョナリー・カンパニー』の著者で日本でも有名なアメリカの経営学者コリンズ（Collins, J.C.）は「だれをバスに乗せるか」のたとえで、大規模で詳細な企業の調査と分析を行ないました。その結果、偉大な企業への飛躍をもたらした経営者は、「何をすべきか」ではなく「だれを選ぶか」から始めていると述べています。調査前に予想していた「まず最初にすばらしい戦略を立てて、次にその方向に従って人々を集める」こととはまったく逆の結果だったわけです。さらにコリンズはこの調査から

・「一人の天才を1000人で支える」方式の企業は、天才が退けば崩れる

・飛躍を導いた経営者は、業績を向上する主な戦略にレイオフやリストラ

を使わない
・報酬制度の目的は、不適切な人から正しい行動を引き出すことではなく、適切な人をバスに乗せてその後もバスに乗り続けてもらうことにある
・どういう人が「適切な人材」かは専門知識、学歴、業務経験よりも、性格と基礎的能力にある

などを明らかにしています。

　いずれも経営における「組織と人」の本質をついています。

　事例10は、経営者が組織の目的と機能をまったく理解できていないことを示す典型的な例です。中小企業に限った問題ではなく、ワンマンな経営者の会社に多いようです。

【事例10】
①M社では昨日、M社長から営業の組織変更とリーダーの担当替えが発令された。提供している製品の市場は堅調に成長しているにもかかわらずM社はシェアの拡大どころか受注額が少しずつ減少する状態が2年ほど続いている。営業の組織やリーダーなどの変更はこの1年間で5回目である。しかしそれで低迷に歯止めがかかったような効果の兆しすらない。リーダーも社員も口にこそ出さないがうんざりしていて、いままでと同じように対応するしかないと思っている。

②N社のN社長は、先日知人から紹介のあった他社との販売提携の契約と実施計画の策定を早急に進めるよう製造部長に指示した。提携は販売に関するものであり営業部の担当であり、契約締結は総務部法務課の担当である。それは会社の業務分掌に明記されている。しかしN社長は、なんでも自分に素直に従ってくれて常日頃から好ましく思っている製造部長に依頼するほうが早いと思い指示したようである。

　実際の経営において、組織と人をどのように考えて、どう取り組めばよいのでしょうか。企業組織と人に関する状況や考え方は、リーマンショックを経て景気の停滞、少子高齢化、グローバル化、雇用に関する認識の変化が進むなかで、急速にしかも大きく変わってきています。一方で、高度成長期を支えてきた日本型組織管理や日本型人事管理の考え方や方法はまだ多くの企

業に残っています。バブルがはじけた直後に大手企業が飛びついた「行きすぎた考課制度や雇用制度」の失敗体験も古い制度からの脱却を阻害しているようです。

しかし従来の管理の仕組みはすでに崩壊しており、まったく通用しなくなってきています。それに早く気づき、会社の仕組みや考え方を大きく見直さねばなりません。そのニーズに応える形で「人材ビジネス」が展開されているため、丸投げしている会社もあるようですが、やはりこのテーマも経営者自身が正しく認識して、自社に適切な対応を進めるべきものといえます。

このセクションで取り上げる「組織行動のコントロール」と「人的資源の活用」は耳慣れない言葉かもしれません。「組織行動のコントロール」とは、①「組織、統制、指揮、命令」などといわれていた内容に、②「組織文化の形成と改革」が追加されたものです。

欧米では理論で明確にしやすい①が、日本では精神的要素の強い②が得意と思われがちですが、現在は必ずしもそうではありません。たとえばアメリカの経営学者や経営者は高度成長期の日本企業を徹底的に研究し、日本企業の良い部分を積極的に取り入れました。

まずは合理的な組織機構を構築し、そのうえで組織文化を浸透させるというステップを踏むのが基本です。特に中小企業においては人材確保に大きな制約がある場合が多いので、大企業をまねるのではなく組織機構を可能な限り合理的なものにし、良好な組織文化へと改革をはかり、それを浸透させることが大切です。

また、人的資源の活用については、「人事、労務管理、考課、指導」などと表わされていた内容に「人材の高度化」が追加されたものです。優れた人材を確保するだけでなく高度に育成する、すなわちスキルアップが重視されています。

従来の機能である「組織、統制、指揮、命令」「人事、労務管理、考課、指導」のいずれもが、会社や経営者からの上意下達的意味合いのある、ハードに該当するものであるのに対して、追加された「組織文化の形成と改革」

「人材の高度化」は社員の自律を促すソフトな部分です。今後の厳しい経営環境においては、会社の指示に忠実に従って懸命に業務をこなすだけでなく、個々がおかれた場で自律的に行動して目標達成ができるような「組織と人」をめざしているわけです。

これは「蒸気機関車方式から新幹線方式へ」と表現するとわかりやすいでしょう。会社や経営者（蒸気機関車）に社員（客車）が牽引されて動くのでなく、全体の連携をとりながら各車両が動力をもって走ることで超高速を実現した新幹線方式への転換が経営にも重要なのです。

2. 組織機構を構築する

(1) 組織機構構築の具体的手順

組織機構は会社を効果的・効率的に運営することを目的に構築されますが、そもそも組織機構とはいったいなんでしょうか。まず頭に浮かぶのは「会社の組織編成図」のようなものかもしれません。そこでまずは「組織機構」を明確にしておきましょう。

組織機構とは「会社の意思決定のメカニズムやその伝達方法」です。聞き慣れた言葉を用いると、権限、責任、職位、配置、賞罰、決定の方法、伝達の方法（経路や手段）などの体系であり、それらが明示された規定の総称です。その規定のひとつに組織編成図がありますが、明示すべきものはほかにも、「社員の職位や権限と責任」「仕事の流れや部署間の関連」「物事を取り決めるための会議」「指示や報告のルール」などがあり、これらは「規定」の形で示されます。規定は、経営を効果的に進めるための「組織機構の構築」に必要なものなのです。

❶構築の原則

組織機構は以下の原則を踏まえて構築します。具体的な構築時や見直し時にはこの原則が満たされているかを確認します。

【目的の原則】

組織メンバーの意識や行動のベクトルを統合する目的が明確にされている

ことが組織機構構築の一義的な原則です。セクション3で取り上げた「経営戦略」およびそれ以降の「事業戦略」や「事業計画」がきちんと策定されていて、その内容や趣旨が社員全員に周知徹底されていれば、この原則は満たされていることになります。もしそうでないなら、組織は目的すらなくさまようことになってしまいます。

【分業化（分担）、専門化の原則】

分業化することで業務が単純化され、それにより効率が上がります。同時にそれぞれに必要な知識や技能が明確になり、専門性を高度化できます。

【命令統一の原則】

命令を一元化する（特定の一人の上司から命令を受ける）ことによって、指揮命令に矛盾を起こすことなく責任の所在や範囲も明らかにできます。この原則が守られていないと、構成員の行動に混乱をきたします。

【統制範囲の原則】

統制（管理）の範囲を一定の部分に限定し、かつそれを明確にすることによって、コミュニケーションを確保し、監督・調整を行ないます。ただしこの原則は「小さくて融通のきかない部署のかたまりをつくれ」ということではありません。この原則を守るためには統制方法と組織形態の双方を明確にすることが必要です。そしてその両者は相乗効果を発揮できるものでなければなりません。

【権限と責任の原則】

業務を遂行する際の権限と責任を明確化し一致させます。権限だけは行使しながら、責任はほかにとらせるようでは組織は正常に機能しません。

❷組織機構の構築

以上の原則が守られていないと、組織変更や異動を行なっても、また組織にどんな名称をつけても、その組織はまったく機能しないことになります。

組織機構の構築は理論的かつ合理的に検討を進めやすいことから、経営学が得意とする分野です。欧米では古くから研究が進められていて日本企業の組織機構もその流れに沿って決められています。組織機構や規定などの詳細

は多くの書籍などで紹介されています。

　経営にとって大切なのは、「会社の意思決定のメカニズムやその伝達方法が明確にされていて社員全員がそれを理解して行動しているか」であることをいつも念頭において組織機構の構築や見直しを進めることです。そしてそれを測る物差しが、組織機構構築の原則です。この組織機構の構築は最初から完璧を狙ってすぐにできあがるものではありません。まずは自社の基本を構築し、それを実践したうえで、不都合な部分をあらためるという作業を繰り返すことを通じて、目的に適った仕組みができるのです。だからこそ、そこに自社固有のノウハウが蓄積されるわけです。

　比較的規模の小さい企業では経営者の認識不足などからこの組織機構の構築がおろそかにされがちですが、それが会社の成長・発展の大きな障害になっていることに早く気づくことが大切です。

(2) 事業展開に連動して推移する組織形態

　ここでは組織機構のひとつである「組織形態」について説明します。

　事業戦略にもとづいた一般的な組織形態には、①職能別部門組織（単一事業）、②職能別部門組織（多角化経営）、③事業部制組織（多角化経営）、④マトリックス組織（多角化経営）、⑤ネットワーク組織があります。

　①の職能別部門組織は組織形態の基本形であり、組織の基本的な職能にもとづいて編成される集権的組織です。**図表7-1**はそのモデルを表わしています。製造・販売・開発などのライン機能と財務・人事・総務などのスタッフ機能双方の主な機能別に部門化され、かつそれらが集権化された形態です（このモデルはひとつの事業（単一事業）を行なっている基本的な例です）。

　この組織のメリットは、
- ・部門ごとに特定の職能に特化できるのでより高度化・専門化がはかれる
- ・製造、販売、開発などがその部門だけですべてできるので効率化がはかれる

などです。一方、デメリットとしては、
　・部門間のセクショナリズムが進みやすい
　・部門間の調整はトップマネジメントが行なうがその負荷が増大する
などがあげられます。

　単一事業の企業で効果的に戦略を展開するにはこの形態が適しているので、短所を避けるように配慮することが大切です。

　この①の形態の企業が成長して複数の事業を展開するようになると②のような組織へ移行します。職能別部門組織による多角化経営の形態を表わしたものが**図表7-2**です。

　しかしこのような「集権的職能別部門組織」で多角化を推進していくと、各機能部分は市場の異なる事業を扱うことになり、業務が複雑になって効率が落ち、対処も曖昧になりがちです。事業の数が増加するほどその影響が顕著に表われて不都合が起こりやすくなります。

　そのため、多角化経営には③の「事業部制組織」が適切といわれています。**図表7-3**は「事業部制組織」のイメージです。

　この事業部制組織では事業ごとに事業部が構成され、それぞれの事業部は独立採算のプロフィットセンターとして一個の会社と同様の責任と権限を保有します。それらを統括する本社は経営戦略の策定や経営資源の配分、あるいは事業部間の調整などを担います。

　事業部間で競争が生まれることから、各事業が促進され、また対応の迅速化や経営者の育成など多くのメリットを発揮します。その反面、行きすぎた事業部制によって重複事業の発生、競争による社内対立の激化、短期的利益の追求による弱体化、施設や設備などの重複によるコストの増加が生じるなどのデメリットも指摘されています。

　しかし多角化経営においてはこの「事業部制組織」が有効な組織形態であることは明らかで、このデメリットをいかに克服するかが重要になります。

　この事業部制組織にみられる弊害の解消を狙って、④のマトリックス組織が提案されています。このマトリックス組織のモデルが**図表7-4**です。

図表7-1◆職能別部門組織（単一事業）

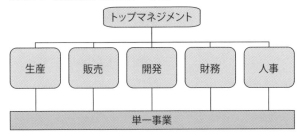

図表7-2◆事業部制組織（多角化経営）

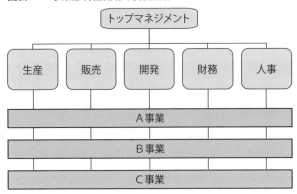

図表7-3◆事業部制組織（多角化経営）

マトリックス組織とは、要員は縦糸の職能別部門組織に所属して管理されますが、業務遂行の具体的な指示は横糸の事業部制組織が行ないます。双方の機能を働かせてメリットを活かしデメリットを避けることを狙ったものです。しかし二人以上の上司をもつことになるため、組織機構構築の原則のうちの「命令統一の原則」を外れることになります。そのため、運営面でそれをどれだけフォローできるかが成否を左右します。

　グローバルな多角化戦略を展開している企業などでは提供する製品やサービス別の事業部制組織や地域別の事業部制組織を構築して対処していますが、それでは急激に変化する国際状況に対応できないことから、マトリックス組織を採用している企業も少なくありません。その一方で、長年続けた事業部制組織に顕著な弊害が表われてマトリックス組織へ移行したものの、その大半が元の事業部制組織へ戻っている企業も多々あります。二兎を追うものは一兎をも得ずの要素を強く感じます。

　急速に進むIT化や市場の多様化に対応するためにこれまでの専門化と統制で組織化された組織を超えた形態も出現しています。⑤のネットワーク組織がそのひとつです。個々の企業の組織形態ではありませんが「独立した企業同士が緩やかに結びついて新しい価値の創造を狙う」ものです。

図表7-4◆マトリックス組織（多角化経営）

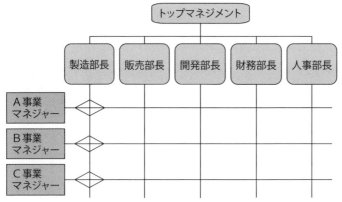

(3) 臨機応変に対応できる組織運営

　組織が巨大化、固定化するに従って機動力や対応力が衰退してきます。また環境変化の激しい今日、従来の枠組みや構造上の制約を克服した機動性・専門性・弾力性をもった組織運営が不可欠です。そこで変化に臨機応変に対応するための組織（制度）が設けられるようになりました。その代表的な例が、「プロジェクトチーム」「クロスファンクショナル・チーム」「委員会制度」です。

　これらの組織（制度）は必要に応じて既存の組織とは別に編成されます。特定の課題解決のために全社もしくは部門全体から解決に必要な能力をもったスペシャリストが選ばれて課題解決にあたり、その目的が終われば元の部署に戻ります。プロジェクトチームと称して、期限もなく、特定の課題でもない実務を、本来の担当部署でない要員に兼務させているケースをみかけますが、これはプロジェクトチームの目的をまったく取り違えたものです。

　また、今日のようなめまぐるしい経営環境の変化に迅速に対処するには、「フラットな組織」も効果的です。従来のピラミッド型階層組織は、高度成長期のような経営環境の変化が緩やかで長期にわたって同じ経営戦略で対処できる時代には大変効率的に機能してきました。しかし今後は可能な限りトップとボトムの距離を短縮するという視点で従来からの組織構造を大きく見直すことも重要です。部・課制度や、従来からの組織や名称あるいは職制などにこだわる必要はまったくありません。経営戦略を実施するために適したバリューチェーン構造にもとづく、できるだけ簡素な組織への見直しが必要です。会社には部や課が必ずしも必要なわけではありません。ましてや部長や課長など社員の肩書きのためにわざわざ部署を設定しているケースなどは、本末転倒な話です。

　図表7-5は、部や課を廃止して製品の種類や数量の変化に柔軟に対応できるように従来の深い階層の組織からフラットな組織へ見直した例です。このように簡素化しても何の問題もなく、逆に生産効率が大幅に向上してコスト

図表7-5◆深い階層からフラットな組織へ

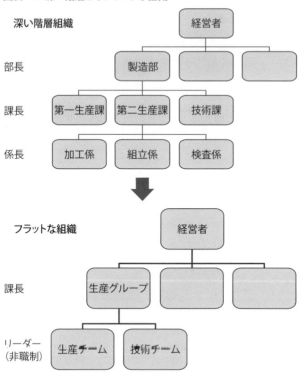

削減がはかれるのです。

(4) バリューチェーンの見直しと再構築

　ここまで「事業戦略にもとづいた組織形態」について説明してきました。それぞれの特質をよく理解して自社に適切な形を選択すること、そして選択した組織形態のデメリットも十分認識して対応することが大切です。何より重要なのは「組織形態はあくまで仕組みであって、この形態さえとればうまくいくものではなく、経営者がその組織形態が意図する目的に沿った行動をとってはじめて効果が発揮される」という認識です。

　今後の企業組織を考えるにあたっては、バリューチェーンの見直しも欠か

図表7-6◆バリューチェーンのイメージ

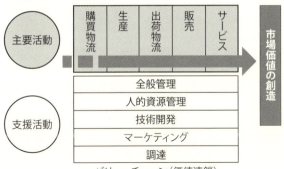

バリューチェーン(価値連鎖)

せない考え方です。

バリューチェーンとは、企業活動を、顧客への製品・サービスの提供に直接関連する活動(主要活動)と主要活動を支援する活動(支援活動)に分解して、その流れ(連携)を示したものです(**図表7-6**はイメージ図)。まず、現在の自社のバリューチェーン構造を明確にして、自社が競争優位を構築していく観点から見直します。

以下のポイントで見直すと、社内での発言力が強いために必要以上に大きくなっている組織や、強化されるべき組織などがあぶり出されてきます。さらに流れの順番を変えたほうがよさそうな部分もみえてきたりします。長く社内にいるとそれが当たり前になってしまい意外と大事な点がみえなくなっているものです。バリューチェーンを見直すことで、これをあるべき姿に戻すわけです。

・自社の強み、弱みはどこか。今後経営資源を重点投入しなければならない活動は何か　→　どの部分から付加価値を創造するか
・強化、簡素化する部分はどこか　→　強化が必要な部分、簡素化が必要な部分はどこか
・連携を見直す部分はどこか　→　お互いの連携を組み替えたほうが効果的な部分はどこか

組織構造には、けっして決まった形態があるわけではありません。古い大

企業を見習ったり世の中一般の概念にとらわれたりする必要はまったくないのです。ドラッカーは「いまあるもの（組織や人）を全部ないものとして、再度構築するとしたらどうするか」で見直すべきだといっています。自社の経営戦略に適した独自の組織を構築することが重要なのです。中小企業にあっては幹部の処遇など本来の目的とはまったく別の次元で組織がつくられているケースも見受けられますが、とんでもないことです。まずはこのバリューチェーンの立場から組織を見直します。

　さらに、従来とはまったく異なった価値連鎖のプロセスに組み替える（再構築する）ことによって、新たなビジネスモデルも構築できます。IT技術の進化・活用によって従来の販売の仕組みが変革されたのはその代表的な例です。サービスと販売の連携を強化して顧客を囲い込み、得意な物流活動をビジネスとして展開している例もあります。ファブレス企業は、優れた技術開発力に集約しているために製造機能をもっていません。強い購買力を武器に圧倒的な価格優位を展開するスーパーなども「バリューチェーンの見直し」から生まれました。すべての活動を平均して強化するよりも、弱い部分は勇気をもって捨てて強い部分をビジネスに展開することも大切なのです。

3. 組織文化の形成と改革

(1) 組織文化に左右される組織行動

　組織に属する人々をコントロールするにはまず組織機構を構築することが基本です。しかし、優れた組織機構さえ構築すればそれで人々の行動が適切にコントロールされるわけではありません。

　アメリカではかつて、自国で発展してきた経営学の「経営戦略理論」と「組織理論」に従えば企業は必ず強くなると考えられていました。そして実際にアメリカの企業はそれを実践して大きく発展しました。しかし1970年代後半になると、それらの理論にもとづいた最強であるはずのアメリカ企業を凌駕する日本企業が次々と現われ、1980年代には大手企業が日本企業に買収される事態まで続出し始めました。これをきっかけに、終身雇用・年功制な

ど経営理論からはおよそ科学的でないと考えられていた日本企業への関心が一気に高まり、組織機構とは別に少し異なった何かが組織行動をコントロールしていることに注目が集まりました。そしてそれは「組織の要員が同じと感じていて認めあっている価値観やものの考え方、行動スタイルなど」であると考えられるようになったのです。それが「組織文化」です。

今日、アメリカも含めた多くの企業がこの組織文化の考え方を経営に取り入れて活用しています。逆に、日本ではその特色を失ってしまったり、間違った使い方をしている企業もあります。

組織文化論は、ソフトな内容で曖昧さもあることから科学的・理論的に確立することがむずかしく、経営学の分野での定説があるわけではありません。しかし、もし企業戦略や人材がまったく同じなら、合理的な組織機構が構築され、そのうえで目的達成に向かって社員全員が熱意をもって行動するような組織文化を築いている企業は、組織機構だけの企業に対して確実に優位に立てるのです。

そのため、「目標を達成することに有効に働く組織文化とはどのようなものかを明確にして、現在の組織文化を改革する」ことが、非常に重要なのです。特に、今日の激しい経営環境においてはその重要性が増しています。すでにできあがっている会社の組織文化を変えるのはとてもむずかしいことです。組織内からの大きな抵抗もあれば改革への協力も期待できないのが通常です。だからこそ経営者自らがリーダーシップを発揮して取り組むべき最優先課題なのです。

そこで以下では組織文化の形成と改革の進め方を説明していきます。

(2) 新しい組織文化形成への取り組み

組織文化の形成と改革への取り組みは、次の5つのステップで進めます。

【第1ステップ】組織文化変革の必要性を明確にする

自社が直面している外部および内部の危機（このまま放置すると会社が危機に陥る状態）を明確にして社員に自覚させます。

外部危機とは、売上の減少（顧客の減少）、収益減少、競合負け、技術力の低下（技術の陳腐化）、コスト高、クレーム（品質問題）、損失コストの増大、顧客や取引先とのトラブルなどです。また内部危機には、内部での衝突、指示への不服従、指揮命令や秩序・統制の不徹底、報連相の不足などがあります。社内にこれらの危機があることを社員全員が認識してはじめて次のステップに進めるのです。

　そこでまずは、経営トップ自身が危機をしっかりと把握しなければなりません。また、社員からも引き出せる雰囲気をつくることも必要です。会社にとって良くないことが起こった際にそれをいえるオープンな雰囲気がなければ、社長は「裸の王様」になってしまいます。そうならないためには、トップが「社員は自分のほうが正しいと思ったときは不服従の態度をとるべきだ」と考えていることを、社員が確信できていることが大前提になります。

　ここで「わが社はそれなりにうまくいっているのでそんなに危機を煽らなくてもよいのではないか。わが社にはもっとのんびりした社風がよいのではないか」と思われるかもしれませんが、セクション6の終わりに紹介したドラッカーの言葉をいま一度思い出してください。「組織は継続と変化の双方が実現して発展していく」のです。

【第2ステップ】変革の目標とする組織文化や指針を提示する

　明確にされた危機を乗り切ってさらに長期にわたって会社が発展していくには会社にどのような組織文化が必要かを社員に示します。

　危機を乗り越えて、目標や計画を達成しようとするには、現在の組織文化のどこが問題かを明確にし、そのうえで会社（経営者）の基本的な考え方、組織のあり方、課業の進め方、社員のあり方などを社員にわかりやすく示します。「おれの言うことを聞け」といった抽象的で曖昧な態度や説明、あるいは部下への押しつけではなく、十分に説明をして、理解・納得させることが大切です。

【第3ステップ】改革のための手段を計画する

　組織文化を改革すると一口にいっても、それは社員のものの考え方を変え

るわけですから、短期間でできるわけがありません。緻密な計画と粘り強い対応で社員全員に納得させることが必要です。

改革の方法としては、組織機構の改革、教育・訓練方法の改革と実施、処遇・報酬制度の改革などがあげられます。会社がめざす組織文化に沿った組織機構になっているか、組織文化を理解させる教育は単なるスキルや一般論など受け売りの教育に終わっていないか、処遇や報酬制度はそれに沿ったものになっているかなどの視点で見直し、実施計画を作成します。

経営現場では、経営者やリーダーがいろいろな場面で発するメッセージや行動・姿勢がその会社の組織文化の改革に大きな影響を与えています。朝礼、毎週・毎月・毎期の会議などフォーマルな場での組織文化の改革に関するメッセージの発信、さらには非公式な場でも強い想いの表明などを計画的・意識的に行なうことが大切です。

【第4ステップ】改革計画の実施

第3ステップで計画されたことを実施する段階です。ただし、計画を実施したからといって全員がすぐに変化を受け入れるわけではありません。スタート時点では、受け入れようとする人は1～2割、大半は様子をうかがっている状態、徹底して抵抗する人も現われます、このときに、組織文化を改革するのだからと、経営者の権限で押し切ってしまっては効果は期待できません。経営者や上司との意見交換、情報交換、相手の気持ちの理解などの相互作用が重要な役割を果たします。粘り強い取り組みを続けていると、様子見の集団が雪崩を起こしたように共感をもった集団に変化します。ぜひこの醍醐味を体感してください。どうしても共感できない集団には、コリンズの言葉を借りれば「別のバスに乗っていただく」しかないのです。

【第5ステップ】変革プロセスの評価

実施された状況を評価して次へつなぐ最終段階です。

組織文化の改革を進めるなかで、うまく進んでいる部分、進んでいない部分を見極めて原因を分析し対処していきます。これを繰り返すうちにプロセスやノウハウが会社に蓄積されます。そしてそれを次の改革につなげること

で会社に組織文化の改革が根づいていくのです。組織文化の形成と改革の成否は、「会社のミッションを果たすための強い意志と熱い想いが経営者にあるか」にかかっているのです。

4. 新たな人的資源管理への転換

組織に続き、その組織を構成する「人」について説明していきます。

> 【事例11】
> ①業界では大手に属するO社の工場長は、O社長と親しい知人の口添えで5年前に採用されて就任した。販売関係の小さな会社を経営した経験はあるらしいが製造に関する経験はまったくない。入社後は工場長室にいるか社外の会合などに参加していて製造現場にはほとんど顔すら出さない。先日も業者から勧められた設備の購入を独断で決めてきて大きな問題になったところである。製造の実務は二人の部長が仕切っていて何とかなっているが、競争が激しさを増しているにもかかわらずO社の生産改革はまったく進んでいない。
> ②中小企業のP社では毎年2回、賞与の支給額を決めるために各部門の責任者が一堂に会して評価会議を行なう。所属社員の評価が所属部門から5ランクで示され、それに他部門の責任者や社長が意見を述べて、社長が最終結論を下すというものだが、評価の基準や指標となるものはなく「頑張っている」「もの足りない」などの抽象的な発言が行き交う。ランクづけにもとづく実際の支給額は社長が一人で決めている。この会社の定期昇給と昇進も、そのランクづけを参考に社長が一人で決めており、給与の体系や昇級基準は定められていない。

事例11は、人材活用に問題がある会社の例です。

①は、不適切な人を組織の長やリーダーに就けているために大きな障害が生じているケースです。就任の経緯もあってはならないことです。社員もやる気をなくし、組織文化の構築どころか組織文化が崩壊しています。筆者はこれを「組織が腐った会社」と呼んでいますが、経営者の責任は重大です。

②は考課およびそれを処遇と報酬に反映する仕組みが確立していない会社です。給与体系すら確立していない会社も実際、少なくありません。こんな状態では社員の採用がうまく進まないばかりか、有能な社員は会社を見限っ

てしまいます。

(1) **日本型人事管理からの転換**

　1960年代からの高度成長期、そして1980年代までの安定成長期に企業の継続的な成長と発展を支えてきた日本型人事管理システムは、バブルの崩壊やリーマンショックを経てグローバル化が進んだ結果、変革を余儀なくされました。古い賃金制度・評価制度は根本的な見直しが求められているのです。新しい人的資源管理の概念を示したものが図表7-7です。基本は、能力主義・成果主義にもとづく評価・処遇と人的資源を継続的に強化するための人的資源の高度化（能力開発）のふたつの柱から成り立っています。

　企業の現状に目を向けると、大企業でも年功序列の組織や運営を残したまま個人の成果を重視した制度が採用されているなど、従来の仕組みと新しい仕組みとが混在しているために矛盾をきたしているケースも生じています。中小企業では管理や評価の仕組みそのものが曖昧であるなど、さらに大きな問題を抱えています。

　既存の要員や会社の体質、労使の慣習などは慣性が働きやすく、改革には大きな障害になります。組織文化の改革とあわせた新しい人的資源管理への転換が待ったなしの時期を迎えています。そこで以下では、新たな人的資源

図表7-7◆日本型人事管理から人的資源管理へ

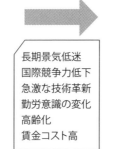

日本型人事管理
・終身雇用
・年功序列
・企業内組合
↓
人事管理

長期景気低迷
国際競争力低下
急激な技術革新
勤労意識の変化
高齢化
賃金コスト高

人的資源管理
・能力主義、成果主義
↓
人的資源管理
・人的資源の高度化
・雇用形態の多様化
・成果、能力にもとづく報酬システム
・勤務形態の多様化

管理について説明します(人的資源管理の進め方は、関係法規や具体的な方法などを解説した専門書を参考にしてください)。

❶雇用形態・勤務形態の多様化

正規社員のほとんどを新卒者として定期採用し、終身雇用する雇用形態が通用しなくなっています。経営戦略にもとづく事業計画を迅速に実行するためには、

・即戦力を随時採用する「通年採用」の実施
・契約社員、パートなど「非正規社員」や「派遣社員」の活用
・特定業務の外部への委託(アウトソーシング)の活用

などをうまく取り込み、効率的に人材を確保することが不可欠です(**図表7-8参照**)。人件費をコストと認識して効率的な人材の活用を進めることも考慮する必要があります。

また多様な要員への仕事の分担方法、責任と権限の与え方についても従来とはまったく異なった認識をもって対処しなければなりません。「正社員が上」「社外の要員は下」といった考え方は一掃すべきで、「正社員の上司が派遣社員」の企業があってもおかしくありません。

さらに、雇用や派遣に関する法令・規則などを、会社はもちろん社員もよく理解して遵守することが求められます。勤務形態も多様化しています。業務の多様化、ITの進化、女性の積極的な社会参加などにより、定時時間内での画一的な勤務形態から、フレックスタイム制や裁量労働時間制、在宅勤務などを取り入れる企業が増加しています。

図表7-8◆雇用形態の多様化

直接雇用	管理職	
	総合職	一般職
	非正規社員(契約社員、パート)	
非雇用	非雇用社員(派遣社員、アウトソーシング)	

通年採用 ← 　　　→ 定期採用

雇用に関する状況が厳しいなかで多様な人的資源を確保して活用していくためには、雇用形態や勤務形態の多様化をはかることが重要です。そしてそれを可能にするには「それらの要員が自律して業務が遂行できるように育成する仕組みがあり」「そのような運営が可能な組織機構が構築されている」ことが前提になります。

　これらはすべて関連していますので、断片的な細切れの対処をしていたのでは、効果は期待できないのです。

❷人的資源の高度化（人材の育成）

　いかに有能な人材を即戦力として確保しても、その能力や技術はいつまでも続くものではありません。ましてや新卒や未経験者の採用となればゼロから育成することが求められます。高度成長期のようにおざなりの新人教育をして職場へ配属すればそれでうまくいく時代ではありません。要員すべての業務の進め方、態度、問題解決能力、リーダーシップなどを継続的に向上させていく「人的資源管理」の仕組みを企業内に構築することが競争優位を保つためには不可欠です。さらに事業や市場構造の変化に対応した高度な能力や技術・技能を向上させていく仕組みづくりも大変重要です。このふたつの仕組みを組織内にしっかりと根づかせることが、今日の企業に、そして経営者に強く求められています。

　人的資源管理は、
- OJT（職場内訓練）
- Off JT（職場外訓練、階層別研修、専門研修、課題別研修、海外研修など）
- 自己啓発（専科大学院、E-ラーニングなど）

などを組み合わせて計画的に実施します（**図表7-9参照**）。

　目先の収益に目がいってしまい、これを怠ったり曖昧にしたり、あるいはまったくピント外れの取り組みをしたりしている企業も多く、しっかりと人事制度を構築している会社とそうでない会社の二極化が進んでいるように思います。最近の若者の無気力さが指摘されていますが、やる気のある社員

図表7-9◆人材育成プログラム（能力開発）

	OJT	Off JT	自己啓発
時間	業務中に	勤務時間	私的時間
場所	職場で	職場外or会社外で	会社外
方法	上司から	研修、セミナーなど	E-ラーニング、大学院、セミナーなど

は、自分が会社でどのようにスキルアップできるかについて強い関心をもっています。それなのに高度成長期のような対応をしていたのでは、優秀な社員は育つどころか去ってしまい、会社に残るのは無気力な「ぶら下がり社員」だけになってしまいます。個々の社員にスキルアップのロードマップを示して、キャリアアップを促す仕組みを構築することが大変重要です。

(2) 成果とプロセス重視の目標管理制度

❶評価の基本的な考え方と基準

旧来の年功序列給与体系はバブル崩壊後に見直しが進み、短期間の成果のみで評価する評価法が多くの企業で採用されました。それによって世界最高レベルになっていた賃金コスト高は解消されましたが、一方でこれまで構築してきた良好な組織文化や長年にわたって企業内に蓄積してきたコアコンピタンスが軽視され、破壊される結果となりました。昇進・昇格・昇給などの基本となる評価の仕組みは社員のモチベーションやモラールを大きく左右し、企業の業績にはかりしれない影響を及ぼすのです。

そこで評価制度については、今後の企業における要員のあるべき姿を明確にしたうえで、長期的な視野に立った総合的かつ公平な評価方法を定めて、その趣旨を全社員に十分に説明し、理解してもらうことが大切です。

ここでいう要員のあるべき姿とは、「会社に頼って上から指示された仕事をこなすだけではなく、仕事を通じて創造性と個性を発揮して自己実現をはかり、それによって会社への高い貢献をし続けることを強く求めている」人材です。

そして、これまでは「企業に対する忠誠心」に対して評価を与えがちでし

たが（永年勤続の評価など）、これからは第一に成果を評価し、次に行動を起こすこと（アクション）を評価します。ただし従来のように単によく頑張ったということではなく、アクションとプロセスの質を重視するものです。さらに成果（目標）を達成するためのスキルアップへの取り組みと結果も重視するものに、評価基準を変更します。

❷具体的な評価制度

上記のあるべき姿を測るために、次の３つの側面から評価し、それにもとづき総合判断します。

・能力評価：業務を遂行する基本能力、潜在能力
・業績評価：具体的な成果
・情意評価：経営に対する姿勢、態度

能力評価は、業務の遂行に必要な能力について、どのような能力をどのレベルでもっているかを判断するもので、ビジネスの一般知識（語学力などを含む）、専門知識や技能、判断力、折衝力、企画力などに評価項目を細分化し、それらの現状に加えて、「人的資源の高度化」（能力の伸長）への取り組みも評価します。

業績評価は、どういう成果をあげたのかを評価します。担当業務の目標に対する実際の成果が中心になりますが、それ以外に業務改善や効率化なども評価項目とします。

情意評価は、意識評価あるいは姿勢評価とも呼ばれ、どのような姿勢で仕事に取り組んでいるかを規律、責任、協調、対人などに評価項目を細分化し評価します。

この３つの側面からの評価にもとづいて総合評価を行ない、昇進・処遇・昇給につなげる方法をとるのが適切で効果的です（図表7-10）。実際の評価に使われている「評価シート」の例を示すと図表7-11のとおりです。

また、この評価をより客観的、公平なものにするには以下の対応が必要となります。

・目標管理制度（MBO：Management By Objectives）の採用

図表7-10◆評価の流れ

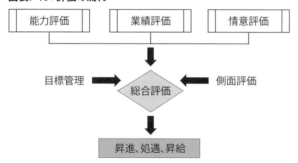

- 評価方法、評価項目の明示…事前に全員に評価制度の目的や詳細を説明して理解させます
- 評価者の個人的影響の除去…直接の上司だけでなくさらに上位者や近い部門の上司など側面からの評価により評価者の個人的影響を除去します
- 目標の設定および進捗、評価における評価者との十分な面談…上司(会社)と要員のコミュニケーションをはかるもので、とても大切なプロセスです。一人ひとりに会社の想いをきちんと伝えることに加え、必要な指導もできます。さらに各人の状況もよく理解できます。この面談は幹部と経営者間においても必要とされます
- 評価結果を昇進、昇給へ反映する方法、基準の明示…これによってはじめて人的資源管理の公平化、透明化がはかれます

❸目標管理制度の活用

評価を進めるにあたっては、能力、業績、情意の３つの側面ごとに細分化された評価項目を用いても十分には評価ができないものがあります。「業績評価」や能力評価の「能力習得」などがその代表です。これらについては目標管理制度を活用するとうまく進められます。

目標管理では、項目(目標)ごとに、以下の点を明確に設定します(**図表7-12**は目標管理シートの例)。

【具体的な目標】(できるだけ定量化された目標)

たとえば、「売上高10億円を達成する」など、目標は具体的に設定しま

図表7-11◆人事考課表（例）

○○○○年度 人事考課表（昇給通年：一般従業員用）

所属	
資格	
社員番号	
氏名	

考課内容	昇給考課
考課日	
考課期間	通年

	評価項目	着眼点	ウエイト	素点換算	一次考課者 役職／氏名		二次考課者	
					考課評語	素点	考課評語	素点
実績考課	目標管理 ※管理シートベース	期間内の業務目標を達成できたか、期間中の方針変更にも対応できたか	20%	A20・B19 C18.5 D13・E0				
	業務改善	業務改善に積極的に取り組み、能率向上に貢献できたか	5%	A5・B4 C3・D2・E0				
	仕事の質量	仕事の質量は要求されたレベルをクリアできたか	5%	A5・B4 C3・D2・E0				
能力考課	知識・技能	専門知識および技能の研鑽に努め、実際の業務に活用できているか。担当職務の実務全般に精通しているか	20%	A20・B19 C18.5 D13・E0				
	判断力	周囲の状況をよく理解し、突発時にも冷静な判断ができたか	5%	A5・B4 C3・D2・E0				
	企画力	積極的に前向きで実現可能な企画、目標設定ができるか	5%	A5・B4 C3・D2・E0				
	能力習得 ※管理シートベース	期間内に掲げた能力の習得に努めたか ※自己啓発、研修参加等含む	10%	A10・B9 C8・D7 E0				
態度考課	規律性	会社の規則・方針、上司の指示・命令を守ったか	10%	A10・B9 C8・D7 E0				
	責任性	自分の仕事を最後までやり遂げようとしたか	10%	A10・B9 C8・D7 E0				
	協調性	部内のより良い人間関係づくりに努力、協力したか	5%	A5・B4 C3・D2・E0				
	対人性	お客様および内部に対しても、明るく誠実な対応を常にしていたか。電話、口頭の応対は丁寧であったか	5%	A5・B4 C3・D2・E0				
		総合	100%					

	最終結果 考課評語	

考課者印	一次考課者	二次考課者	最終考課者

考課基準　A－目標・水準をはるかに上回った　　B－目標・水準を上回った
　　　　　C－目標・水準を達成した　　　　　　D－目標・水準を下回った
　　　　　E－目標・水準を大きく下回った

A＝100〜90
B＝89〜80
C＝79〜60
D＝59〜50
E＝49〜 0

考課者特記事項記入欄

図表7-12◆目標管理シート(例)

○○○○年度　上期目標管理シート(○○年4月~○○年9月)

所属	
資格	
社員番号	
氏名	

評価担当上長者	
評価者所属	
役職	
氏名	

目標設定時面接	実施日 年 月 日 上長印　本人印
目標達成度評価面接	実施日 年 月 日 上長印　本人印

実績目標（目標設定時記入）

目標項目(何を)	達成目標(水準)(どうする)	ウエート	具体的方法、スケジュール
当期の目標を3項目記入する	A= B= C= D= E=上記いずれにも該当しない	％	
	A= B= C= D= E=上記いずれにも該当しない	％	
	A= B= C= D= E=上記いずれにも該当しない	％	
		従事割合 合計 100％	

成果の確認・達成度評価(期末に記入)

自己評定	達成度	上長評定	達成度
	A B C D E		A B C D E
	A B C D E		A B C D E
	A B C D E		A B C D E
自己評価コメントを記入する ・A=設定目標をはるかに上回る ・B=大きく上回る ・C=達成 ・D=下回る ・E=大きく下回る		面接・協議などにより、上長が達成度評価する	

能力開発目標

目標内容 の難易度	達成目標(水準)(どうする)	具体的方法、スケジュール	自己評定	達成度	上長評定	達成度
A B C	A= B= C= D= E=上記いずれにも該当しない			A B C D E		A B C D E

す。売上増などの曖昧な目標の設定はしません。

【評価基準】（評価時の物差し）

たとえば、目標を10％以上上回ればＡ評価、５％上回ればＢ評価、ちょうどならＣ評価、５％下回ればＤ評価、10％を下回ればＥ評価、などと設定して明確に評価できるようにします。

【目標達成の具体的な方法】

たとえば、「関西に専門店を開店して新規顧客を開拓する」など、目標達成の具体的な施策を事前に明確にします。そうでなければ「やろうとしたが良い方法がみつからなかった」などで終わってしまいます。

【達成時期】

「今年の上半期末に達成する」などです。目標の内容を明確にし、すべて評価期間内に完了するように設定します。期限を守ることは当然、評価の対象です。

これらの目標は社員自らに設定させて、上司が面談にて内容や施策について指導して定めます。そのうえで最低１ヵ月に１回程度は面談を行ない、施策の進行状況や効果をチェックしフォローします。

目標管理制度の本来の目的は、社員の評価ではありません。セクション６で紹介した「ブレークダウンされた施策」を各人の目標にまで落とし込んで事業計画を実行することです。そこに会社で個人がめざす目標を統合して、評価に活用します。会社の全体最適を考えれば当然のことなのですが、従来の縦割り組織では事業計画は事業部、評価は人事部が担当しているために弊害が生じています。目標管理制度は社員の評価だけでなく、会社にとっては事業計画の推進に、そして社員にとっては自分がめざすべき目標を達成するためにとても有効な方法です。

❹処遇と報酬

処遇（昇進など）および報酬（給与）については、適切な評価にもとづいて公平な対処をすることが必要です。評価と同様、給与のルールおよび処遇

のルールを明確に定めて、社員へ明示して実施しなければなりません。これらのルールを一から決める場合は比較的容易ですが、以前からのルールがある場合には既得権にどう配慮するかなどが障害になり、改定がむずかしくなりがちです。そのため、なかなか改革に踏み切れない企業も多いようですが、今後の人的資源管理には避けて通れないことであり、経営トップのリーダーシップで乗り切らなければなりません。

　以下は、筆者がこれまで実践してきた「評価や給与の改革」の概要です。

- 従来多くの企業で採用されてきた職能給による給与システムは「就業年数を重ねればそれだけ能力が上がる」ことを前提にしたもので、年功序列の弊害を生み続けています。能力をベースに上記の評価制度を確実に反映させたシステムへの早急な改革が不可欠です
- 企業における社員のグレードを「仕事の範囲」と「貢献度・難易度」によって分けて責任の範囲を明確にします（図表7-13）
- それぞれのグレードごとにA〜Eの給与ゾーンを設け、さらにそのゾーンを適切な等級（5等級程度）に分割します（図表7-14）
- 評価の結果による等級の昇降の基準を決めて実施し、さらに異なったグレードへと移行（昇進・降格）させます（図表7-15）。従来の概念では、よほどのことがなければ減給はありませんでしたが、今後は昇給と減給はあって然るべきです
- 家族手当や住宅手当などの評価とは無関係で属人的な給与は極力廃止します

❺社員のモチベーション（やる気）を高める

　経営の現場において「社員のモチベーションが低い」「そんなことをしたら社員のモチベーションが下がる」などと安易にモチベーションという言葉が使われていますが、その中身をしっかり理解している人は少ないようです。そもそも企業における社員のモチベーション（やる気）とはどのようなものなのでしょうか。

　経営学でも「動機づけ理論」として研究されていますが、難解なテーマで

図表7-13◆仕事の範囲と貢献度・難易度

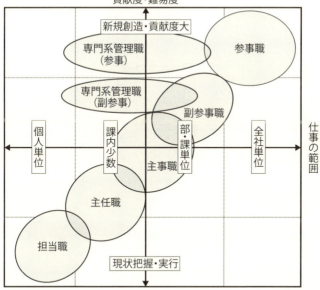

区分	スタッフ系列	専門職系列
参事職	部門戦略の計画、立案、統制、推進をし、経営に対する成果責任を負う職位	非常に高度な専門技能をもち技能に関し全社横断的なとりまとめができ、経営的観点から業務の推進ができる者
副参事職	部門内の業務推進を行ない、所属員を管理するとともに、部門成果責任を負う職位。また、部門の課題を策定、具現化することが求められる	高度な専門技能をもち、かつ高い利益貢献度が認められた者
主事職	担当業務を中核となって実行し、下位者へ的確な業務指導を行なえることが目標とされる職位	
主任職	日常的、定型的な担当業務を自己完結的に遂行でき、さらなる業務処理効率の向上が目標とされる職位	
担当職	日常的、定型的な担当業務を上長の指示、助言のもと正確に遂行することが目標とされる職位	

第3章◆会社を飛躍させる

図表7-14◆責任のグレードと給与ゾーン

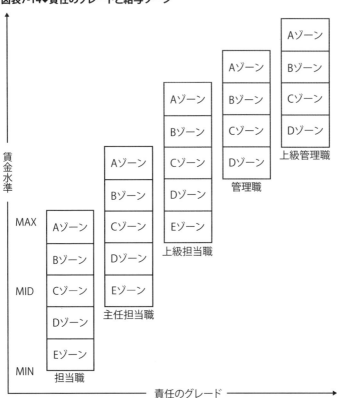

図表7-15◆昇給マトリックス(例)

ゾーン	考課				
	A	B	C	D	E
Eゾーン	5	4	3	2	1
Dゾーン	4	3	2	1	0
Cゾーン	3	2	1	0	－1
Bゾーン	2	1	0	－1	－2
Aゾーン	1	0	－1	－2	－3
(A)ゾーン	0	0	－1	－2	－3

定説があるわけではありません。アメリカの臨床心理学者ハーズバーグ（Herzberg）は「動機づけ・衛生理論」を提唱し、そのなかで「給与は不満を満たすが、企業内での満足感を満たすのは目標の達成や評価、責任のほうである」といっています（**図表7-16参照**）。

　筆者は、以上のとおり説明してきた人的資源管理の方法で、企業が社会的な使命を果たすための施策についての目標を設定して、責任をもって実現をめざし、その達成を正当に評価する方法をとることこそが、社員に真のモチベーションを与えると確信しています。

図表7-16◆ハーズバーグの動機づけ・衛生理論

要因	性格	具体例
動機づけ要因	満たされることによって満足感の高まる要因	目標達成、評価、責任、昇進
衛生要因	満たされないと不満が残る要因	企業方針、管理方法、給与、対人関係、作業環境

§8　企業の社会的責任を果たす
―コーポレートガバナンスの推進

1. コーポレートガバナンスの確立

(1)　なぜコーポレートガバナンスが必要なのか

　企業の粉飾決算や重大な品質問題などが連日のように新聞紙上を賑わすなど、企業の不祥事が続いています。業界を代表し先導する立場の巨大企業や公的性格をもち健全・公平といわれるエクセレントカンパニー、あるいは安全・安心への関心が一番高いはずの食品企業などで反倫理的・反社会的行動が多発しています。これらは氷山の一角にすぎず、あまりマスコミの話題にならない中小企業も含めると、相当な数の企業で不祥事が発生していると思われます。

　いったん不祥事を起こすと、それまで構築してきた社会からの信用は大きく失墜し、巨大な損失を被ることになります。社会へ与えた損失の大きさや事後の対処の拙さから消滅した企業もたくさんあります。不祥事にまでは至らなくても、経営者の独断で会社が誤った方向に走って業績不振に陥り、そのしわ寄せを社員や取引先だけがかぶるといった状況は日常茶飯で起きています。

　これらの企業に共通することは、コーポレートガバナンスの欠如、つまり企業内に自浄作用やチェック・管理機能が働いていない点です。企業は事件や事故を未然に防ぐシステムや監視機構を構築して組織内でそれを有効に働かせることが必要です。同時にトップを含め全構成メンバーの意識改革も不可欠です。加えて今日では企業の姿勢として、「経済成長・利益至上主義」に代わって「公正さや精神的豊かさの追求」「国際協調、社会と企業の共生」が強く求められています。

企業がこれらに対して総括的に適切な対処をすることが「コーポレートガバナンス」の本質です。

事例12は、コーポレートガバナンスをどのように理解しているかを表わしています。

【事例12】

①中小企業のQ社では毎月定例の取締役会が開催される。代表取締役のQ社長が議長で社内の営業担当、製造担当、開発担当の取締役（部長）、社外取締役の顧問弁護士の合計5名および監査役の税理士が出席する。経営に関する重要な案件はすべてこの取締役会で審議のうえ決定されている。意見の異なる案件についても活発に議論し、社外取締役や監査役からは課題の指摘や会社のあるべき姿への積極的な提案も多く出され、会社の経営にとても役立っている。父親でもある先代社長の横暴かつ放漫な経営を目の当たりにしてきた現社長は、早くから経営を正しく進めることに強い関心をもっていてそれを実践している。

②販売会社R社では定款で取締役会の設置が定められているが開催されたことはない。取締役にはR社長の両親と妻も就任しているが社業にはかかわりがなく取締役の任務もまったく果たしていない。しかし相当額の役員報酬が支払われている。それを知った社員の間で不満が高まっている。

③ある会議で経営コンサルタントを名乗る人物が「中小企業にはコーポレートガバナンスは不要です」といっていた。それを聞いた周囲の人は軽蔑の苦笑いをしていた。

今日では中小企業においても①の例のように経営者がコーポレートガバナンスを正しく理解して実践している会社がたくさんあります。お仕着せではなく経営者自らが高い意識をもって実践しているので中身の濃い対応ができ、それが会社を大きく成長させる活力になっています。一方、②の状態の会社もまだまだ残っています。③に至っては論外ですが、中小企業でコーポレートガバナンスの実践が進まない理由のひとつになっているのでしょう。

上場企業では法的な規制があって制度や対応実績など形式的なものはどの会社でも揃っています。そうでなければ上場できないからです。また会社法で経営者だけでなく社員全員にもコーポレートガバナンスの教育をすること

が義務づけられています。しかしその本質が十分に理解できているとは限らず、中身には多くの問題を抱えている会社も多いようです。たび重なる不適切な決算や経営者の独走による巨大赤字の計上などは、コーポレートガバナンスの優等生といわれた会社が起こしているのです。

一方で、中小企業の経営者はコーポレートガバナンスの教育を受ける機会もあまりなく、「こんなことに金や時間をかけられない」と考えている経営者自身や経営幹部もみかけます。これでは、経営者という以前にビジネスマンとしての資質の低さを自ら露呈しているようなものです。

このように、企業の大小を問わず、公開・非公開にかかわらず、コーポレートガバナンスは多くの企業の課題であること、そしてコーポレートガバナンスの欠如は企業の存続自体にかかわる問題なのです。

(2) 企業はだれのものなのか

コーポレートガバナンスは「企業統治」と訳されています。当初のコーポレートガバナンスは株主利益の保証や最大化が目的でした。しかし今日では「企業はだれの利益を実現し、どのように運営・管理されるべきか」を重要な経営課題として総合的な見地から企業を良好な方向へ向かわせることが目的とされています。

企業は営利目的の組織であり経済的価値を創出する義務があります。競争市場における利益追求や財務面の健全性の確保は当然のことです。しかしそれは公正な自由競争と公平な分配の原則を維持することを前提とし、市場経済主義と倫理性は相反するものではありません。このふたつを両立させてこそ企業は競争の激しい経済社会で生き残れるのです。

企業はより大きな配当を期待する株主に応えようとするあまり従業員や顧客、取引先に犠牲を強いたり、逆に従業員の利益を優先し株主や取引先に不利益を与えたり、あるいは環境保全に多くのコストを割いたがために、短期的に株主の利益を少なくしたりすることがあります。しかし企業が継続して発展するためには、取り巻くすべてのステークホルダーに対して適切に利害

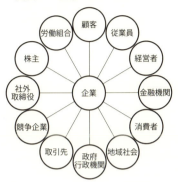

図表8-1◆企業のステークホルダー

図表8-2◆コーポレートガバナンスの概念

- 反倫理的、反社会的行為の多発
- 経済成長、効率至上主義から、公正さ、精神的豊かさの追求へ
- グローバル化による国際協調、社会と企業の共生

[企業活動の目的]
　第一は営利性、第二に社会性

[企業統治]
　双方の目的達成をめざす企業構造の構築
[企業倫理]
　社会から求められる価値観・倫理観の実行

調整することが大変重要です（**図表8-1**）。言い換えると、企業の繁栄とともにすべてのステークホルダーとの長期にわたる良好な関係を構築することが今日のコーポレートガバナンスの目的です。

図表8-2は、コーポレートガバナンスの概念を示したものです。

(3) コーポレートガバナンス構築の３つの取り組み

良好なコーポレートガバナンスの構築は次の３つの取り組みを基本に進められます。

- 会社機関の運用改革（**図表8-2の企業統治の部分**）…経営者の権限と責任など会社機関そのものおよびその運用の改革をはかり、本来の機能を果たせるようにするとともに外部からのチェック機能を強化します
- コンプライアンス経営の実施（**図表8-2の企業倫理の部分**）…自社の企業倫理・行動基準、企業の社会的責任（CSR）などを明確にして、教育などで徹底させ、さらにそのフォローアップ体制を構築するなどの「コンプライアンス経営」を実施します。さらにリスクマネジメントの実施および危機管理体制の構築を行ないます
- 情報開示と説明責任の実施…コーポレートガバナンス、コンプライアンス経営を実施していくうえで重要なもうひとつの要素が、情報開示と説

明責任です。企業の不祥事の多くが内部告発によって明るみになっています。株主のみならず、すべてのステークホルダーに対して情報開示や説明責任を果たす姿勢が企業の評価の大きな要素になってきています

　企業の不祥事の防止には「コーポレートガバナンスの確立」や「コンプライアンス体制」「経営の透明性」などの企業内の整備が不可欠です。そして何よりも重要なのはトップマネジメントをはじめとする企業の人々の倫理観の確立です。

　以下では順に上述の3つの要素について説明していきます。

2. 会社機関改革の方向性

(1) 会社機関の運用実態

　2005年に商法が全面改正されて「会社法」が成立しました。企業の不祥事が社会問題化することによって関係法令が改正されたもので、会社法にはコーポレートガバナンスに関する内容が多く含まれています。有限会社が廃止され中小企業も株式会社に一本化されました。そして株式会社の「機関」は会社の規模や株式の公開・非公開などで多様な組み合わせができるようになっています。

　それらの詳細は本書では省略しますが、会社機関およびその運用について、現在の課題と改革の方向性について以下に説明します。

❶株主総会など意思決定機関の形骸化

　比較的規模の大きい上場企業では株主の数が多く、経営の意思決定に影響を及ぼすような大株主がいないケースが大多数を占めています。このような企業では経営者が株主総会での決定権を握り取締役の人事にも影響を及ぼすことがあります。たとえば最高意思決定を現経営者が行なうと、次期経営者を任命するような経営者支配も起こりえます。また、経営者支配のもとでは、経営者は自己の地位や利益の安定そして自己主張の実現を第一の目的として経営する傾向が強いものです。経営者が絶大な権限をもつために誤った方向に暴走したり、不正行為にかかわったりした場合でも制止することが困

難で、最終的に企業破綻にまで至るケースも少なくありません。

　非上場の中小企業では、経営者自身やその身内が大半の株を所有しているケースが大半で、経営者支配が行なわれています。そのため法的にも制度的にも上記のような状態を制止することは事実上困難です。

❷監査の形骸化

　第三者的な機関であるべき監査役が機能していない会社が多いのが実情です。監査役の多くが取締役退任後の処遇人事で任命されるなど、経営者の意向で任命されるケースが大半なのが、その大きな理由です。実質的には代表取締役の指揮命令権のもとにとどまり、取締役の行動をチェックしたり適切に発言する権利さえも与えられないなど形骸化しています。

❸取締役会機能の形骸化

　本来の取締役会は意思決定機関であり業務執行を行なうものではありません。業務執行は取締役会によって選任される代表取締役および少数の役員があたるなど、会社法は意思決定および経営監視をする機関（取締役会）と業務執行機関（代表取締役以下の業務執行役員）を区別することを求めています。しかし日本の株式会社の多くは取締役会のメンバーがほとんどそのまま業務執行の責任者となっているために、ふたつの機能の分離が不明確になっています。社外取締役を選任している企業でも、多くはグループ企業のメンバーが選ばれているなど業務執行に対する監視機能が働いていないのが現状です。代表取締役社長の権限がきわめて強くコーポレートガバナンスが機能しなくなっています。

❹情報の隠蔽

　企業についての情報は秘密扱いが一般的なことから、「企業秘密」を口実に経営者にとって都合の悪い情報は隠匿されて経営体質の改善が進まない土壌がつくられがちです。

(2)　会社法の趣旨に沿った改革の方向性

　以上のように規模の大小にかかわらず多くの会社が、会社法で定められて

いる会社機関およびその運用が適切に行なわれているとはとうてい思えない状況にあります。

❶本来の機能を再確認する

株主総会や取締役会は本来の機能を果たすことが重要です。特に会社の業務が適切に運営されているかの監視と重要事項の意思決定を行なう取締役会の果たす役割は非常に重大で、適正な運営が求められています。会社法では小規模の企業では取締役会を設置しなくてよいことになっていますが、中小企業といえども自社の経営に関して論じる場は必要です。取締役会に準じた経営を議論して結論を下す場は不可欠です。

監査役も形式的な監査に終始せず、会社から完全に独立した立場で会社の本質を見極めた業務監査および会計監査を行なわなければなりません。小規模の企業では監査役も監査役会も設置は義務づけられていませんが、会計監査は顧問税理士や会計士に依頼するとしても業務監査は何らかの形で経営者とは独立した立場で実施することが必要です。

今後は企業行動を外部に対して積極的に開示する姿勢も大切です。都合の悪いことを隠すのではなく、外部からの評価に耐えうる対応や行動が重要になっています。企業の社会性や倫理性が大きく問われているのです。

❷委員会設置会社の選択

会社法では、アメリカ型企業統治モデルをまねた「委員会設置会社」が選択できるようになっています。

委員会設置会社には複数の社外取締役の選任が義務づけられ、取締役会のなかに、指名委員会・報酬委員会・監査委員会の3つの委員会を設置しなければなりません。おのおのの委員会は3人以上で構成され、その過半数は社外取締役が占めることが必要です。指名委員会は取締役の選任や解任についての議案の決定権をもち、取締役会はその結論を覆せない仕組みになっています（**図表8-3**）。

これまで多くの企業では、業務執行の最高責任者である代表取締役社長が自分より下位の者を取締役に、自分と協力関係にある者を社外取締役に選任

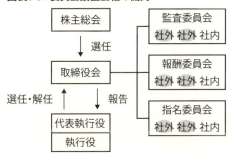

図表8-3◆委員会設置会社の機関

してきました。このようにして選ばれた取締役が社長以下の業務執行を監視することなど現実には不可能です。そこで経営者による監視への介入をなくすことを狙いとして会社法が制定されました。報酬に関しても通常、取締役や監査役の報酬は社長など経営トップの意向によって決められますが取締役や監査役が自分の報酬や退職金を決めている社長の顔色をうかがっていたのでは、厳正な監視はできるはずがありません。

監査委員会は取締役と執行役の業務執行を監査し、会計監査人の選任・解任の議案を決定します。日本企業における粉飾は、経営者と会計監査人との癒着が大きな原因となっていることから、会計監査人の選任や解任は経営者とは独立した監査委員会に委ねるものとしています。また、取締役会とは別に業務執行を担当する執行役が設置され、従来の代表取締役に代わって代表執行役を設置し、取締役との役割分担を明確にしています。

委員会設置会社を採用する企業も少しずつ増えていますが、現社長が後継者を決められないなど社外取締役が強い権限を握ることになるので、日本では経営者の拒否反応が強く採用する企業はさほど多くはありません。委員会設置会社への移行はともかく、これからはこの趣旨を理解して経営にあたることがとても重要です。

3. コンプライアンス経営の実施

コンプライアンス（compliance）という言葉をしばしば耳にしますが、こ

れは企業等が法令や規則を守ることを意味し、「法令遵守」と訳されています。これを広義に解釈して、企業で遵守されるべきものは法令や社内規則のみならず社会良識や社会ルール、誠実かつ公正な企業活動までを含んだものとして取り組もうとするのが、コンプライアンス経営です。

(1) 「企業の社会的責任」のなかでの位置づけ

最近の経営において「企業の社会的責任」という言葉もよく使われます。以下ではまず、「企業の社会的責任」と「コンプライアンス経営」の位置づけからみていきます。

今日における企業の社会的責任（CSR：Corporate Social Responsibility）は次のような概念で示されていますが、そこには最高レベルの「企業市民活動」までが含まれています。

【レベル1】企業倫理・法令遵守

単なる「法令遵守」だけでなく、社会良識、社会ルール、社内規則・規定、誠実かつ公正な企業活動までが含まれます。

【レベル2】（狭義の）企業の社会的責任

規制や法律を遵守して消費者ニーズに合った商品やサービスを効率的に生産・供給し、各ステークホルダーの利益を増進させる責任に加え、社会の便益のために行なってはならないことを法的基準より厳しい基準で抑制することや法的基準以上にステークホルダーの便益に関与することまでを含みます。

【レベル3】企業の社会貢献

企業の業務とは直接関係ない分野（教育、文化、福祉、医療など）においても公共のために貢献する活動で、ボランティアや企業献金も含みます。

【レベル4】企業市民活動

企業の社会貢献をさらに市民活動にまで拡大するもので、グローバル企業による発展途上国での支援活動などがこれに該当します。

上記のうち、レベル1とレベル2が「コンプライアンス経営」で取り組む範囲です。

(2) コンプライアンス経営への取り組み

コンプライアンス経営への取り組みは、「企業倫理規定の策定」「コンプライアンス体制の構築」「コンプライアンス教育の実施」「コンプライアンス経営のフォローアップ」の4つのステップで進めます。

❶企業倫理規定の策定

企業倫理規定は企業行動基準や企業行動憲章などさまざまな名称で呼ばれています。一般的な企業倫理規定は企業として「宣言する事項」および「行動指針を示す事項」から構成されます。

「宣言する事項」は社内のみならず社外に対しても企業のコンプライアンスに関する基本的な考え方や姿勢を宣言するものです。一方、「行動指針を示す事項」では社員に対して法令や規則に違反しないために、さらに誠実・公正な企業活動を行なうために何をすべきか、何をしてはならないかの倫理基準と行動指針が示されます。

企業倫理規定の策定にあたっては企業風土を把握し、社是・経営理念などを考慮して、何を遵守するかを明確にします。第一に法令、第二に社内規則・規定、第三に社会規範・社会倫理を十分考慮し、次に自社の特質や自社の問題などを明確にして、課題の設定とそのためのルールを明確にします。策定にあたっては、全社的なプロジェクトなどを立ち上げ、全社員が価値をイメージできるような具体的な表現を用いることが望ましいわけです。

図表8-4は、企業倫理規定の「宣言する事項」および「行動指針を示す事項」の項目例です。また、実際の企業倫理規定は単にこの項目を示すだけでなく、それぞれの項目に対して自社にふさわしい、わかりやすい説明を記述しなければなりません。その具体例を「行動指針を示す事項」の「4．公正な商取引に関する行動基準」であわせて示しました。

❷コンプライアンス体制の構築

いくら立派な企業倫理規定を制定しても実践されなければ何の役にも立ちません。実践するためのコンプライアンス体制を構築することが必要です。

図表8-4◆企業倫理規定(例)
「宣言する事項」の項目
1．お客様本位
2．公正・透明な行動
3．企業情報の開示
4．環境保全への貢献
5．社員の創造性と個性の尊重
6．企業市民としての社会貢献

「行動指針を示す事項」の項目
1．コンプライアンスに関する行動基準
　私たちは、事業活動や日常生活において、法令や社会規範を尊重し、これを遵守します。
2．製品・サービスの提供に関する行動基準
　私たちは、社会が真に求める製品・サービスの提供に努めるとともに、そのための新しい技術やノウハウの開発、新事業の開拓にチャレンジします。
3．信頼される製品・サービスの確保に関する行動基準
　私たちは、信頼される製品・サービスの提供を第一に考え、行動します。
4．公正な商取引に関する行動基準
　私たちは、節度・良識をもって、お互いの利益のために、公正な商取引を行ないます。

《具体例》
　私たちは商取引においてお互いの立場を尊重し正しい判断と節度と良識をもって公正な取引を行なうよう努めます。
　(1) お客様や販売取引先（代理店など）との関係
　私たちは会社の製品やサービスについての説明は正しい根拠にもとづいて正確に行ないます。商品の優良性や有利性について誇大な表示や不正確な表示によってお客様に誤解を与えるような行動はとりません。
　私たちは競争者の排除だけを目的に不当に採算を無視した廉売をすることはしません。販売促進のためのコミッション、割引・値引きを個々の社員の恣意的な判断で行なうことはありません。したがって、販売担当者が販売促進のためのコミッション、割引・値引きを行なう場合は、定められた承認手続きに従って行ないます。
　(2) 購買取引先との関係
　私たちは購買活動において特定の相手に特別の利益または不利益を与えることはありません。
　購買担当者は購買価格などの条件が妥当かどうかは、環境・品質・コスト・納期による企業評価をベースに原則として取引ごとに判断しほかの取引との交換条件として恣意的な約束や義務づけなどを行ないません。常に公正で合理的な判断にもと

> づき仕入先・協力会社などから高い信頼を得られるよう、業務を遂行します。
> 　(3) 契約の適正化
> 　　不当な（または一方に不利な）取引条件を押しつけたり押しつけられたりした取引は長期的にみると相互の利益になりません。ましてやそのような条件が契約書に記載されていると変更は容易でなく場合によっては法律違反となります。また契約を急ぐあまり独断で相手方との約束をすることも、あとで会社に大きな迷惑をかける恐れがあります。私たちは、基本的な契約知識の涵養に努めるとともに、適正な手続きで公正な契約を締結するように努めます。

5．取引先、関係先とのつきあいに関する行動基準
　　私たちは、取引先、関係先との間で社会常識に反するつきあいをしません。
6．独占禁止法遵守に関する行動基準
　　私たちは、不当に取引を制限したり、自由な競争を排除するような行為をしません。
7．インサイダー取引に関する行動基準
　　私たちは、内部情報を個人的利益のために利用しません。
8．秘密情報の適切な管理に関する行動基準
　　私たちは、入手した自社および他社の秘密情報（個人情報を含む）を、安全に保管し、目的外に使用したり、ほかに漏らしたりしません。
9．正しい情報の開示・伝達に関する行動基準
　　私たちは、正しい情報の、タイムリー、公平、誠実な開示・伝達に努めます。
10．反社会的勢力に関する行動基準
　　私たちは、反社会的勢力に対し、毅然たる態度で臨み、その要求には一切応じません。
11．個人と会社の利害対立に関する行動基準
　　私たちは、個人的利益のために会社を利用しません。
12．環境・安全・健康に関する行動基準
　　私たちは、環境保全に努め、職場の安全と健康の維持に努めます。
13．社員の創造性と個性の尊重に関する行動基準
　　私たちは、自立、責任、信頼の原則のもと、創造性と個性が発揮される生き生きとした職場の形成に貢献します。
14．嫌がらせ・差別の禁止に関する行動基準
　　私たちは、人権を尊重し、嫌がらせや差別的な言動をしません。
15．地域社会に関する行動基準
　　私たちは、日常、社会的良識をもって行動し、地域社会との調和をはかり積極的に地域社会の諸活動に参加します。
16．国際的活動に関する行動基準
　　私たちは、国際的な協定などを遵守することはもちろん、私たちが関係する各国の文化・法令・慣習・価値観などを尊重して、国際的な視野に立った企業活動を行ないます。

不祥事は必ず発生するという前提で、次のように進めます。

①担当職務と職務遂行の監督権限が明確になっているかを確認・見直す

組織機構を構築する際の原則（セクション7参照）が守られているかをチェックして見直します。これが曖昧だとコンプライアンス違反が起こりやすくなります。

②コンプライアンスを担当する部署（担当者）を決める

総務部が担当するなど全社でコンプライアンスを担当する部署を決めます。コンプライアンス担当役員を決めておくことも必要です。

③相談窓口（ヘルプデスク・通報窓口など）を決める

社員からの相談、通報、告発に対応する窓口を決めておきます。ただし、それが上司では機能しないことが予測されますので、社員が抵抗を感じないよう配慮します（たとえばセクハラでは、担当窓口は女性とするなど）。

④コンプライアンス違反に対する処分・罰則を明確にする

コンプライアンス違反に対して適切で公平な処分、処罰ができるようにします。

❸コンプライアンス教育の実施

社員に対するコンプライアンス教育も必要です。なぜわが社はこのような倫理規定を遵守しなければならないのかを理解させて行動意識を根づかせます。そのためには何よりも経営者や経営幹部自身のコンプライアンス意識の醸成が大切です。経営層が率先垂範することによって社員への徹底をはかります。周知するための導入時教育およびリスク別の教育を中心に据えて、社員一人ひとりにコンプライアンス経営へ対応する能力を身につけさせることにより、社内に潜在するリスクを最小化します。

❹コンプライアンス経営のフォローアップ

企業倫理規定の策定、コンプライアンス体制の構築、コンプライアンス教育の実施、コンプライアンス経営の状況のチェックおよび評価と、マネジメントサイクルを回すことによってはじめて実効性のあるものとなります。また社長が委員長を担当する「コンプライアンス委員会」を設置することなど

により、社会の要請に応じたコンプライアンス経営をめざしているか、社内で確実に実施されているかを定期的に評価する体制を整備します。

(3) リスクマネジメントと危機管理体制
❶リスクマネジメント

コンプライアンス経営とともに最近の経営においては、リスクマネジメントへの取り組みも重要視されています。2009年11月にISO31000が制定され、日本ではそれを受けて2010年9月にJISQ31000「リスクマネジメント－原則及び指針」がガイドラインとして示されていますので参照ください。本書ではリスクマネジメントの最近の動向を紹介します。

従来は企業におけるリスクマネジメントとは地震や台風などの自然災害、火災・爆発・PLなどの事件や事故に対しての安全をはかるための管理が主体でしたが、最近はこれに加えてリスクをリターン（収益）との関係でもとらえようとする動きが盛んになっています。財務に関するリスクや戦略に関するリスクなどがこれにあたります。そこには、今日のような厳しい、成熟した経済環境下では、リスクをとって（リスクテイクして）でも事業展開をはからないと期待するリターンが得られないという背景があります。

安全に関するリスクは、リスクが顕在化すればマイナスの結果しか得られませんが、リターンに関するリスクは、リスクをとることでプラスの結果を期待できるからです。リスクを企業の目的達成を阻害するあらゆる「不確実性」ととらえて対処することが主流になっています。**図表8-5**はリスクの種類と最近のリスクマネジメントの概念を示したものです。

リスクマネジメントは大企業では本格的な取り組みがされていますが、中小の企業ではまだ十分な対処がされていないのが現状かと思います。ガイドラインに示されているとおりに運用しようとすると大変ですので、リスクマネジメントの考え方を経営者がよく理解することから始めてみてください。

❷危機管理体制

リスクはマイナス方向に顕在化して、事件・事故・災害などの現象として

図表8-5◆リスクマネジメントの概念

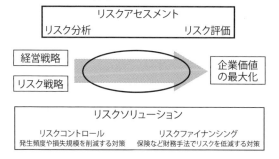

表われたり、財務的な損失や経営戦略の失敗として表われたりします。このようにリスクが顕在化して「組織や関係者の財産や活動あるいは人命に重大な被害を与え、企業経営に深刻な影響をもたらす事態」が危機（クライシス）です。

　危機は突然の圧倒的なマイナス変化として表われるために、事態の大きさに比べて対処計画、組織の姿勢、対応能力に不足があるとさらなる危機に発展し、最悪の場合は企業の存続をも揺るがすことにもなりかねません。最近の不祥事では、マスコミに問題が報道されたにもかかわらず説明責任を果たさないばかりかその本質に気づくことができずに企業側の防衛・保身・責任転嫁の発言などで社会批判を浴びて、結果的に経営トップが引責辞任するケースも多く発生しています。これなどは社会の変化に企業がついていけな

図表8-6◆危機管理の推進（緊急時の体制）

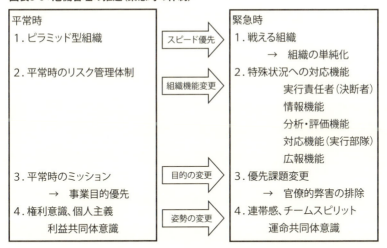

い意識面のギャップと危機対応能力の不足が招いた危機といえます。

　危機管理はリスクマネジメントの特殊分野との位置づけがされています。甚大な被害・損失をともなう事態の発生時には、平常時の体制や考え方では被害の最小化や組織のサバイバルに対して効果的な対応ができないため、緊急時の特別なマネジメントが必要です。

　図表8-6は平常時と緊急時の体制・対応の違いを示したものです。危機が発生した際にはスイッチを切り替えて対応することが大切です。

(4) 情報開示と説明責任の実施

　コーポレートガバナンスを確立していくうえで大変重要なことに、ステークホルダーに対する「情報開示」（ディスクロージャー）と「説明責任」（アカウンタビリティ）があります。ステークホルダーが企業を客観的に判断するには企業からの適切な情報開示が不可欠です。

　市場でより大きな信用を獲得するために、法律で決められた情報開示だけでなく、主体的・自発的に説明を行なう企業が増えています。製品やサービ

スの広告とは別にWEBサイトなどITを使っての情報開示も積極的に行なわれています。こうした広報活動がIR（インベスター・リレーションズ）と呼ばれるものです。

　中小の非公開会社には情報開示や説明責任の義務はありませんが、社員や取引先、金融機関に対して可能な限りの情報開示や説明責任を果たすことが自社の評価を高め、社員のモチベーションを向上させることにつながります。このことを経営者はしっかりと認識すべきです。

　また近年の不祥事は、その大半が内部告発によるものです。不正行為を告発した人を保護する対応も必要ですが、何よりも不正行為を内部に隠しこまないよう早い時期に見つけて適切な対応ができる仕組みづくりが重要です。

§9　経営力を高める

> **【事例13】**
> 　大手企業S社で事業部の新任部長研修を行なった。受講者はこれからを大いに期待されている若いエリートばかりである。冒頭で、課題を示してグループに分かれて課題の解決策を検討して発表してもらう「事例研究」を実施した。いま担当している事業とはまったく異なる業種を取り上げ、内容が複雑で解決がとてもむずかしい課題を示したところ、どのグループも比較的短時間にロジカルで適切と思われる方策を発表した。発表のあとで「ところでその方策は実際に可能ですか？」と、事例として取り上げた業界において公表されている事情をあげて質問したところ、途端にそれまで得意満面だった発表者たちの表情が変わった。今回の研修のテーマは「経営の本当の力」である。

　この事例と同じようなことが多くの企業で起こっています。経営のセオリーだけをもとに論理を展開していくと、とてもすばらしい方策が導かれます。しかしそこには大きな落とし穴があります。

　会社経営を進めるにあたって考慮をすべき事項には、市場や業界、社会情勢などの制約に加え、会社特有の事情や社員などの働く人の気持ち、社内の雰囲気も大きく影響します。大きいどころか、解決が困難といってもいいでしょう。このように経営は、経営の現場で現実を直視せず頭で考えただけではとうていできません。マネジメント知識を教えるセミナーや成功体験を語る場所に行くだけでは、十分な経営の力は養えないのです。

1. 経営者に必要な3つの能力

(1) 経営のプロになるための王道

　会社を良い方向へ飛躍・発展させるためには、経営者が経営のプロセスと

その進め方、組織と人のあり方、社会における会社のあり方をしっかりと理解して、自社の経営で確実に実践し続けることが欠かせません。ただし、そこには前提条件がひとつだけあります。

　それは、実践するのは経営者自身だということです。経営幹部に任せたりコンサルタントに頼ったりしていては、いつまでたっても真の経営は実現できません。わからないことがあれば、そのときは専門家の意見を聴き、それが本当に自社に適合しているかをしっかりとチェックして、採否は自分で決めることです。

　自社の経営の現状（経営幹部であれば自部門の経営の状況）と、あるべき姿との差異を明らかにして、すべてリストアップしてください。この差異がたくさんあっても大きくても、引け目を感じることはまったくありません。差異を認識せずに、あるいはわかっていても何の対応もせずに経営を続けることこそ、とても恥ずかしいことです。

　また、明確になった差異を一挙に全部解消しようと慌てる必要もありません。リストアップされた差異のうち、プロセスの一番上流にあるものと自社にとって一番重要なもの（業績に効果が大きいものや、いまの会社にとって大変重要だと思われるものなど）のふたつを比較して、まず最初に取り組むべきテーマを決めます。そしてそのテーマに集中します。そこに目処がついたなら、再び比較をして次の差異の解消に取りかかります。

　途中で放棄したり安心して取り組みをやめたりすることなく愚直に進めると、はじめはゆっくりですが段々加速していきます。実際に推進している経営者はもちろん、社員もそれを実感できるようになり、弾みがつくのです。会社の改革・発展とともに真の経営も身についていき、会社全体が見違えるように活性化されるはずです。

　これが経営のプロになるための王道です。このことさえしっかりと理解して実践していれば経営はだれでもできます。それとは逆にある部分のみをつまみ食いして細切れの対応をするのは、百害あって一利なしです。経営を学んでも、あるいは外部の指導を受けても効果が出ない大きな原因がここにあ

ります。地道な実践ができていなければ、一時の成功で打ち上げ花火のように華々しくビジネスを始めてもけっして長く続くことはありません。

　ところで、経営のプロセスを確実に進める（経営を習得する）王道を歩むためには、あるスキルが求められます。以下では、そのスキルとはどのようなものか、どうすれば身につけることができるのかに話を進めていきます。

　経営の視点で世界を見渡すと、長く成功している企業の経営者が必ず習得しているスキルが３つあることに気づきます。一つが、マネジメント知識（ビジネススクールで教えるマネジメント理論）、二つ目がロジカルシンキング（マネジメント知識では解決できない場合に論理的思考をして決断する能力）、三つ目がリーダーシップ（粘り強い意志と勇気をもって組織を動かし企業としての成果を出す能力）です。

①マネジメント知識

　ビジネススクールや大学院等で教えているマネジメント理論にもとづく経営者が備えるべき基礎的な知識です。ビジネスの現場から得た事実や経験にもとづいて体系化されています。マネジメント知識をもつことは経営に関する「定石」を知ることです。経営戦略、経済論、組織論、人材論、管理会計、財務会計、マーケティングなどが代表的なものです。

②ロジカルシンキング（論理的思考力）

　経営の現場ではいろいろな状況に遭遇します。自分の知っているマネジメント知識だけでは解決できない場面のほうがはるかに多いはずです。そのようなときに論理的な思考によって結論を出して意思決定をする能力です。「状況を論理的に基本要素に分解する能力」「おのおのの要素について定量的に分析し相互の関係も明確にする能力」「個々の要素を組み立て直して統合し最適解を得て結論を出す能力」から構成されます。

③リーダーシップ

　リーダーシップとは「粘り強い意志と勇気をもって組織を動かし企業としての成果を出すためのスキル」と定義されています。とても曖昧な概念ですが、経営者に求められるリーダーシップとは「社員の自発的な行動を促して

企業としての結果を出すこと」です。上記①と②がハードギアで対処するのに対して、リーダーシップはソフトギアで対処します。すなわち理論的な方法によって指揮命令、コントロールするのではなく、経営者の掲げる夢や経営者自身の人間的な魅力などで組織の構成員を魅了し、組織の構成員が経営者のめざす方向に賛同してやる気を出し自発的に考え行動することによって組織全体で結果を出させるスキルです。

(2) スキルを組み合わせて活用する

　これらのスキルは、特別な人だけに備わった能力ではありません。意識して取り組めば必ず習得できるものです。おのおのを単独で使うのではなく、いろいろな状況に応じて機能的に組み合わせて用いることで、相乗効果が生まれます。

　性質の異なる3つのスキルは、使うスタンスや習得の方法も異なります。

　マネジメント知識は「形式知」といわれる文書で明確に示すことのできる知識に分類されます。文字で表わされるので、だれもが必要なときに聞いたり調べたりできます。逆の見方をすれば、経営者はこのすべてを習得する必要はありません。基本的な知識と全体の概要を理解しておけば、あとは必要となったときに自分で調べたり、それぞれの分野の専門家に聞いたりすればよいわけです。適切な人に任せることも可能です。大手企業の多くは、主要な分野の優秀な専門家をスタッフとしてかかえています。

　ロジカルシンキングも「形式知」に分類されます。したがって習得方法が明確に示されています。ただし、マネジメント知識が単なる知識であるのに対し、ロジカルシンキングは「ロジカルに判断していく方法」なので、知識として習得するだけでなく使いこなすことが必要です。そのためには早期に習得して経営現場で実践しながらレベルアップしていくことが大切です。

　一方、リーダーシップは「暗黙知」に分類されます。暗黙知とは、個人の頭の中にあって文書だけでは表現しきれない知識です。感情や意志、周囲の状況などと関連づけて記憶されています。暗黙知ですから、決まった習得方

図表9-1◆3種類の経営スキルとその習得法

	経営者として	習得方法
マネジメント知識	基本だけ習得する人に任せることも可	書籍、ビジネススクールで習得
ロジカルシンキング	基本だけ習得する実践でスキルを養う	書籍、ビジネススクールと実践で習得
リーダーシップ	実践でスキルを養う人には任せられない	実践で習得するしかない

法はありません。経営を実践するなかで経営者が自ら身につけていくものです。当然、人任せにすることはできません（**図表9-1**）。

これら3つのスキルをあわせて習得するためには、以下の方法で取り組むと効果的です。

・まず、マネジメント知識とロジカルシンキングについて基礎と概要を知る（形式知を先行させる。ただしこれらに時間をかけないこと）
・上記と並行して、ロジカルシンキングとリーダーシップを自社の経営を推進するなかで実践し、身につけるとともに磨いていく（暗黙知の部分なので、じっくりと取り組む）

この3つのスキルのうち、マネジメント知識については専門書がたくさん出ていますので参照ください。

2. ロジカルシンキングの実践

ロジカルシンキングはクリティカルシンキングとも呼ばれ、具体的な習得法などはビジネススクールや大学院等で教えています。書籍も発行されていますので、ぜひしっかりと学ぶことをお勧めします。

以下では、これからの経営になぜロジカルシンキングが重要なのか、およびロジカルシンキングの基本などについて説明します。

❶なぜロジカルシンキングが重要なのか

今日の企業経営は、グローバル化、環境の急速な変化、イノベーションを抜きには考えられません。それらに対応するためには、ロジカルシンキング

がなくてはならない状況にあります。

①グローバル化

グローバル化がますます進み、お客様、取引先、社員などすべてのステークホルダーが日本人だけというケースは少なくなっています。また日本人の価値観や文化観も多様化しています。このような文化や社会的背景、価値観の異なる相手に説明したり、説得をする際は、日本的な文化や価値観をもとにしていては通用しません。ロジカルな説得力が不可欠です。

②環境変化の速さと激化

経営環境や社会環境など会社を取り巻く環境がとても速く、しかも激しく変化しています。日本的な様子見や曖昧な意思決定をしていては企業の存続すら危うくなる時代です。重要な課題ほど、迅速かつ的確に判断を下し、それを適切に関係者に伝えなければなりません。ロジカルシンキングは、課題の解決や結果の伝達にとても重要なスキルなのです。

③ロジカルに考えることで生み出されるイノベーション

ロジカルシンキングとイノベーション（技術革新）は異質のものに思われがちですが、成功する確率の高いイノベーションは、とても緻密な状況把握とロジカルな思考によって生み出されるものなのです（単なる「思いつき」とはまったく次元が異なります）。

❷ロジカルシンキングの4つの基本

ロジカルシンキング実践にあたって押さえておきたい基本は4つあります。

【基本1】説得力のある結論を出す（結論を曖昧にしない）

会社の課題が「製造原価をどうすれば下げられるか」だとすると、「工場の生産現場では無駄な作業が多い。これを顕在化させて効率化をはかる」といった明確な結論を出すのがロジカルシンキングです。一方、ロジカルシンキングができていない場合は「工場の生産現場では無駄な作業が多いようにも思える。これをなくせば原価を下げられるかもしれない」などの曖昧な表現になりますので、工場の人たちへの説得力に歴然の差が生じます。結論だけではありません。組織や人を動かすには説得力が重要で、そのためには判

断と根拠を明確にすることが大切です。これがロジカルシンキングの一つ目の基本です。
「なぜ、そうなのか」と聞かれることを恐れて曖昧な結論を出しがちですがこの基本を徹底して実践につなげてください。

【基本2】論理的に展開する

　筋道を立てて展開していく、言い換えると、根拠と結論を論理的につないでいくことがロジカルシンキングの二つ目の基本です。

　一組の「根拠」と「結論」が、「○○（根拠）だから□□（結論）」、あるいは「□□（結論）、なぜなら○○（根拠）」のどちらかのパターンを形成し、またそれが、だれもが納得できる論理的なものであり、かつ次々と論理的につながっていなければなりません。これは、論理学の基本ともいえます。

【基本3】論理のスタートは「事実、現実」から

　一番はじめの根拠からスタートして次々と論理的に展開されて結論が出されるわけですが、この「根拠」は、だれもが納得している「事実や現実」でなければなりません。社長の独断（「売れると思う」という根拠）で開発する製品を決める（結論）などでは、経営者として失格です。

　製造の現場では「現場で現物をみて現実を知れ」が革新の基本といわれ、多くの製造業はそれを実践しています。ロジカルシンキングが実践されているわけです。営業部門は現場がみえにくいためにロジカルに展開できていないケースも多いようですが、データなどにもとづいてスタートの「事実、現実」をロジカルシンキングで見極めることが大切です。

【基本4】経営の「重要な課題」に取り組む

　ロジカルシンキング展開のスタートになる「根拠」は会社に関するものに限定したとしても、いろいろなものが考えられます。まずは、経営課題のうちの「重要な課題」に集中して取り組むと効果的です。

　上記の基本を実行して経営者自身のロジカルシンキングのスキルを高め、それを全社に浸透させることが、経営課題達成の効率的かつ効果的な展開につなげられます。

❸ツールやプロセス、フレームワークの活用

ロジカルシンキング実践のために以下のツールやフレームワークなどが準備されています。専門書などを参考に活用することをお勧めします。

【全体や相互関係を把握するためのツール】
・MECE
・ロジックツリー
・ポジショニングマップ
・フロー図
・相関図

【効率的に進めるプロセス】
・仮説検証

【フレームワーク】
・3C分析（ビジネスの環境分析）
・4P分析（マーケティング戦略分析）
・SWOT分析（経営戦略分析）
・製品－市場マトリックス（成長方向の分析）
・ポジショニングマップ・パーセプションマップ（経営戦略／商品の位置づけ分析）
・バリューチェーン（経営戦略／構造分析）
・ガントチャート（計画管理）

なお、ロジカルシンキングは論理学の考え方を用いていますが、論理学そのものではありません。厳密さや緻密さは、現実的な経営の視点で許容されるレベルであり、経営にとても役に立つ重要なスキルといえます。

3. 経営者のリーダーシップ

(1) 実践知経営をめざす

激しい市場の変化やグローバル化に迅速に対応するためには、企業がおかれた「その場、その時」に即した素早い判断と実践が必要です。そのために

図表9-2◆管理型リーダーと改革型リーダー

項目	管理型リーダー	改革型リーダー
ミッション	標準的な目標を達成する	変化のメカニズムを組織内に定着させる
行動の根拠	従来の方法を踏襲・維持	何をどうすべきかを自ら決定する
必要な要素とツール	規範、規定、権限、予算、組織目標	戦略、価値観、決断、意志
マネジメントの方法	管理・統制	共感、やる気、モチベーション
部下の統制	指示・命令	対話、考えさせる
組織行動の形態	上下的、公式的	水平的、非公式

は、従来の社長室の机の上でマネジメント知識を主体に時間をかけて考えて社員に指示するといった「管理型」スタイルではなく、自社の経営の現場や社会環境から現実を見極めて、迅速に自社独自の答えを出して、全員参加の経営を進める「改革型」スタイルが求められています。従来の「管理型」と「改革型」の比較を**図表9-2**に示します。

　今後、経営者に求められる改革型スタイルは
・明確なビジョンをもつ
・現場で、現物をみて、現実（本質）を把握する
・「知識」におぼれず、経験にもとづいて判断する
・組織を動かして着実に実践する

というもので、「実践知経営」と呼ばれています。これに対して事例14は、リーダーシップについて間違った認識をしている例です。

【事例14】

　T社のT社長が「自分はリーダーシップを十分に発揮している」と胸を張っていったので、たとえばどのようなことかを聞くと、次の答えが返ってきた。
・会社の業務はすべて自分が方法を決めて幹部に指示をしている
・幹部社員には自分が推薦する啓蒙雑誌を読ませて考え方を指導している
・社員の採用や報酬はすべて自分一人で決めている
・毎年、周年事業を開催して目立った社員を表彰している
　それを聞いて、多くの若い経営者がすごいと感心していて驚いた。

リーダーシップが暗黙知のスキルであるために本来、めざすべきものが具体的につかめず、自分の認識が間違っていることにも気がつきにくいのでしょう。

(2) 改革型経営の推進

実践知経営を進めるには会社の方向性や組織の内外の関係を大きく見直さねばなりません。そして社員の共感ややる気を高め、全員参加の経営を推進します。このときに欠かせないのがリーダーシップ（粘り強い意志と勇気をもって組織を動かし企業としての成果を出す能力）です。暗黙知のスキルなので、内容が定まっているわけでもありません。経営のプロセスを進めて王道を歩むなかで養われ磨かれていくものです。

筆者はこれまで多くの企業における経営者の振る舞いや社員の様子、組織文化などに大きな関心をもってみてきました。そこから、現代の経営者が身につけるべきスキルとしてのリーダーシップとは**図表9-3**のようなモデルが適切だと考えるようになりました。単に業績が優れているだけではなく経営の基本理念の４つの物差しで測っても優れている会社の経営者は、このモデルに適合しているか、このモデルをめざしています。

ここであらためて経営者に求められる「リーダーシップ」を表現すると、基礎に「経営への熱い想い（こころざし）と、強い意志から湧き出る責任

図表9-3◆現代の経営者に求められるリーダーシップ

組織として	統率力（夢、共有、魅力）
個人として	勇気 洞察力 粘り強さ
基礎の責任感	強い意志、熱い想い

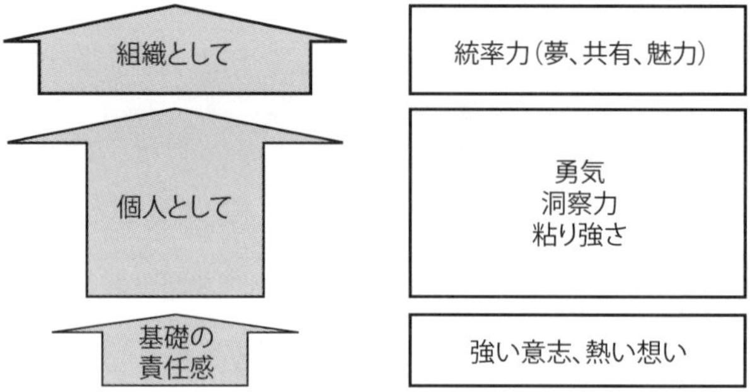

感」があって、その実現のために「粘り強さ、本質を見抜く洞察力、変化に対応し改革にあたる勇気」を発揮して、組織の要員を「夢を共有して魅了させて統率する」スキルとなります。

①強い意志と熱い想い

経営はけっして「自分や会社の金儲け」であってはなりません。お客様や社員などすべてのステークホルダーに対する強い責任感がともないます。言い換えると、「ビジネスで何がなんでも結果を出して会社を継続・発展させる」という責任感をもつことが経営者には不可欠です。この責任感がもてない人は経営者になる資質に欠けているといわざるをえません。そしてその責任感を果たしていくための「強い意志」と「熱い想い」がリーダーシップの源泉です。経営の現場ではとても厳しい状況やつらい事態が起こります。そのような際にも、逃げずに責任感を果たすための強い意志と熱い想いがあればこそ、それを乗り切れるのです。

②本質を見抜く洞察力と改革する勇気

経営者が責任を果たしていくための具体的なスキルが、変化に対応し改革を進める勇気と本質を見抜く洞察力、そして粘り強さです。

変化・改革への勇気とは、次のとおりです。

・不確実な状況でも必要な時期には決断する勇気
・トレードオフを理解してどちらかを捨てる勇気
・変える勇気、やめる勇気
・フェアーな決断をする勇気（情を捨てる勇気）

経営の場では、課題に気づきながら放置しておくことはけっして良い結果につながりません。「何もしないこと」が一番悪い対応です。変化・改革を進めるなかで、うまくいく見通しが必ずしもなくても、その方策を決断しなければならない場面に出くわします。幹部も決断をためらい逆に反対することも起こりえます。このような時は、経営者が勇気をもって決断するしかありません。

またある時には、いままで大切にしてきたもののいずれかを選択しなけれ

ばならない場面に出くわします。ロジカルに判断した結果であっても選択をためらうものです。そんな時には経営者がトレードオフを理解してどちらかを捨てる決断をする勇気が必要です。

　企業の体質を変えようとすると慣性が働きます。特にいままで会社の中心的な位置にあった事業や仕組みを変えたり、やめたりする際には大きな抵抗にあうでしょう。幹部社員の更迭などは経営者自身にためらいが生じます。しかし、企業には変化が必要です。社内の多くの反対を押し切ってでも勇気をもって変化するための決断をしなければならない事態に直面した際に、これをためらい経営不振に陥った大手企業もたくさんあります。

　このように経営者には勇気をもった決断が求められますが、その決断はフェアーであることが第一になります。そこに私利私欲や個人の感情が入るなら、リーダーシップの発揮どころかリーダーシップの失墜に直結します。

　さらに、勇気をもって変化・改革を進めるには、物事の本質を見抜く洞察力を養うことも重要です。本質を見抜く洞察力とは、

・本質を見抜く習慣をつける

・自分の考えと反対側に立ってみる

・定石を疑ってみる

などです。むずかしく考えずに実践を重ねることで確実に習得できます。

「本質を見抜く習慣をつける」には製造現場の品質向上などによく使われている「なぜなぜ5回」の実践が有効です。これは、課題の原因をなぜ、なぜ、と5回突き詰めていってその課題の真の原因に迫ろうとする方法です。表面上の現象しかみていない担当者や専門家の話を鵜呑みにせずにこれを実践すると、当初に原因だといわれていたこととはまったく違う真因がみえてくることが多々あります。

　自分が正しいと確信していることでも敢えて対極に立って批判してみることや定石といわれていることを疑ってみることも、本質を見抜く洞察力を養うにはとても効果的です。

　経営の責任を果たすためには粘り強く取り組んでいくことも重要です。

③組織全体で結果を出させる統率力

　リーダーシップには、社員やステークホルダーを魅了して賛同させ、やる気を出させ、自身で考えて行動させ、組織全体で結果を出させる力も欠かせません。組織全体で結果を出すためにはふたつの方法で行ないます。ひとつは、経営のプロセスを推進するハードな方法です。もうひとつがこのリーダーシップで、ソフトな方法にあたります。このふたつが揃うと組織全体が機能的かつ能動的に動き、企業に良い結果をもたらします。

　「この社長がやろうとしていることは会社にとっても社会にとっても大切なことでとても賛同できる。自分もこの社長のもとで頑張ろう」

　これこそがめざす姿です。ソフトな方法であるリーダーシップを発揮することによって経営者と社員が夢やビジョンそして価値観などを共有できるのです。

　そのためには経営者の考え方や想いを社員にしっかりと伝えてそれをよく理解してもらうことが欠かせません。会社の経営理念や経営戦略などとセットで社員やほかのステークホルダーなどにもしっかりと伝えます。

　経営者が具体的な施策の実施だけを社員に説いている状況をよくみかけますが、それ以前にこれが伝わっていないと、馬の耳に念仏で終わってしまいます。期初や月次などの定例的な会議はもとよりプライベートな場も含めたあらゆる場で、それぞれに適した方法や内容で経営への想いを伝えて共感を得ることがリーダーシップの第一歩です。

　以下は、経営者がリーダーシップを発揮すべき事項です。

【組織が大切にする価値を明らかにする】
　・経営戦略、ミッション、行動指針、経営方針、期初方針など

【大切な価値を共有する】
　・経営会議、期初会議、朝会、幹部会など
　・教育の進捗、会社文化の状況把握、顧客満足度など

【改革の仕組みを構築する】
　・経営改革会議、プロジェクトチーム、改善提案、勉強会など

・フラットな組織運営、大部屋化など
・見える化、業務の標準化など
【会社経営のレビュー】
・役員会、経営会議など

　そして経営の実践のなかで、変化・改革への勇気、本質を見抜く洞察力、粘り強さを発揮していくことで経営者としての統率力は高まっていくのです。これからはカリスマ性やワンマンで会社を引っ張る時代ではありません。本当に会社を継続・発展させる信念があるのなら当然、あとに続く者を育てるはずだからです。

　繰り返しになりますが、社員を含めてステークホルダーが経営者に魅力を感じて共感するのは上記のようなリーダーシップが継続して発揮された時です。逆に社員やステークホルダーが失望してその企業から心が離れるのは、経営者の人格のなさを一瞬でも垣間見た時なのです。

§10　新たな価値を創造する
　　　――マーケティングとイノベーション

1. 顧客創造の基本機能

(1)　日本で欠けていた2つの基本機能

　経営とは「企業が長い期間にわたって、顧客の要求する付加価値を創造し、提供し続け、市場の競争力を維持する営み」であることは、すでに説明したとおりですが、「顧客の要求する付加価値の創造」をドラッカーは「顧客の創造」と表現し、『現代の経営』のなかで次のように述べています。
　「企業の目的が顧客の創造であることから、企業にはふたつの基本的な機能が存在することになる。マーケティングとイノベーションである」
　このようにマーケティングとイノベーションは企業の経営にとって一番重要なものではありますが、日本では長年にわたって、上記のドラッカーが定義したような理解をして実践している経営者が大変少ない状態が続いてきました。その大きな原因はふたつあります。
　ひとつは、長い間続いた高度成長期の消費者の願望が「周りの人と同水準の豊かさになりたい」「ほかの人と同じものをもちたい」というものだったことから、企業は欧米のまねをするか他社と同じことをやっていれば存続できたことがあげられます。もうひとつは、マーケティングもイノベーションも適切な日本語訳がなく、その本来の内容が正しく伝わらなかったことによるものです。たとえばマーケティングは販売（セールス）、広告・宣伝、市場調査のことだと誤解されていました。「技術革新」と訳されたイノベーションは、発明やすばらしいアイデアのひらめきだと思われていました。現在でもこの間違った理解が、経営者や経営幹部、さらには開発技術者や営業関係者にもみられます。また、「○○のマーケティング」と題する書籍の内容が、

宣伝広告のテクニックやセールスの解説だったりもします。

マーケティングとイノベーションの「顧客の創造」の役割は、経営環境の大変厳しい現代においてさらに重要度を増しています。国の内外を問わず大きく成長している企業では、必ずこのふたつの機能（マーケティングとイノベーション）が強みを発揮しています。古い体質の企業やワンマン経営の企業、さらに大半の中小企業があるレベルから成長できないのは、マーケティングとイノベーションを実践できず、「セールス」の限界から脱却できていないことが最大の原因だと思われます。

それでは、マーケティングとイノベーションとはどのようなものなのでしょうか。いずれも顧客を対象にすることから、「販売」（営業、セールス）との違いからみていきましょう。両者の違いは**図表10-1**のとおりです。

マーケティングやイノベーションは、「顧客」からスタートします。顧客を原点とし、顧客が求めているものは何かを問います。一方、販売は自社を原点とし、「自社の製品・サービスをどう売るか」が出発点になります。

前者が大切にするものは「顧客」や「顧客ニーズ」であるのに対して、後者は「自社」や「自社の都合」を優先し、優れた（たくさん売る）販売員や広告宣伝など販売力の強化を重視します。

マーケティングやイノベーションが、販売そのものをなくすことを理想とし、会社全体で対応すべきものととらえられているのに対し、一部門だけで取り組む販売は、その対照的な位置づけです。

つまり、自社の都合を顧客に押しつける、これまでの販売の方法では世間に通用しなくなっていること、そしてその対極にあるマーケティングやイノ

図表10-1◆販売との違い

	マーケティング、イノベーション	販売（セールス）
問いかけること	顧客が求めているものは何か	自社の製品をどのように売るか
大切にするもの	顧客、顧客ニーズ	自社
販売の考え方	販売を不要にする	販売力を強化する
企業内の位置づけ	全社での取り組み	販売部門の取り組み

ベーションの重要性が高まっていることが理解できると思います。

(2) マーケティングとイノベーションの関係

　経営を実践するための機能にはさまざまなものがあり、経営のプロセスを実行・管理する機能、人的資源や資本を効率的に管理する機能、組織の備えをする機能ももちろん重要です。しかしドラッカーが、マーケティングとイノベーションのみが企業の基本的な機能であり、この機能が欠落した組織や偶発的にしか行なわれない組織は企業ではないと言い切っているように、顧客を創造するという目的からみると、企業の基本的な機能はこのふたつだけであって、それ以外はすべて両者に従属することが理解できます。

　つまり企業の経営では常にマーケティングとイノベーションのふたつの機能が働いていてそのほかの機能はそれに沿った働きをしていることが「企業が全体最適に適っている状態」なのです。逆にほかの機能が優先していたり、横並びであったりするならば、「部分最適」にすぎません。だからこそ、マーケティングとイノベーションは全社で対応すべき重要なテーマであって、経営者が先頭に立って取り組むものなのです。

　では、マーケティングとイノベーションの関係はどのようなものなのでしょうか。双方の目的や考え方は、「従来のモノにとらわれない新たな価値の創造」であり、経営革新や顧客の創造につなげる点もまったく同じです。

　マーケティングとは、「顧客やその顧客が求めているものは何かをよく知って、それにぴったりとあった製品（またはサービス）を提供して、手をかけずに売れるようにする」ことです。この定義に記されている「顧客や顧客が求めているもの」とは、「すでに顧客がそれを必要だと認識しているがいまはそれを十分に満たすものがなくて満足できていない状態のもの」と言い換えることができます。このような状態は「顕在化されているニーズ」といわれます。マーケティングはこの「顕在化されているニーズ」を対象に展開されます。そしてさらにその先にある「まだ顕在化されていないニーズ」にまでアプローチしようとするのが、イノベーションです。

つまりマーケティングは顕在化されたニーズに対処するもの、イノベーションはまだ顕在化されていないニーズに対処するものです。また、時間軸で考えると、マーケティングは短期的な取り組み、イノベーションは中長期的な取り組みになります。マーケティングとイノベーションは車の両輪ともいえるもので、そのハンドルを握るのが経営者なのです。

　なお経済学における「イノベーション」とは、一般的には経済に革新をおこすことのすべてを意味しますが、それを企業の経営に実践できるように体系化したのがドラッカーです。

2. マーケティングの考え方と展開

　事例15は、経営にマーケティングの機能が働いていない例です。

【事例15】

　検査機器を製造販売しているU社から「製造原価が高いために売上が低迷している。生産体制を抜本的に見直したい」との依頼を受けて訪問した。一見しただけで、製造現場は作業効率が低く生産管理体制も古くて合理的でないことがわかる。生産改革を具体的に進める際の数値目標（コストダウンの目標）などを設定するためにU社の売上高やシェアの推移、競合状況などをスタッフと調査していてある事実が判明した。需要は確実に伸びているのに、シェアを大きく落としているのである。その原因が、数年前に新規企業V社が参入してデザインや操作性の優れた製品を投入していることにあるとわかった。老舗のU社の製品は性能には定評があるがデザインや操作性はV社製品からは見劣りするのである。
「売れないのは原価が高くて価格を安くできないため」といっていたU社の営業担当幹部はこの指摘に対し、「われわれの業界をご存じないからでしょうが、この種の製品はデザインや操作性ではなく性能なのですよ」と主張したものの、目の前に示されたデータには反論できない。若手の営業マンからは「確かに最近はそのような意見を顧客からも聞く」との話も出てきた。
　U社長に、まずは新しい製品の開発を先行させること、そのための調査と検討を始めること、そしてその新製品の完成までに生産改革を終えることを提案してそれを実行することになった。

従来の販売方法に慣れてしまった営業は、顧客が求めているものが大きく変化していることに気づけず、しかも売れない理由を原価高の問題にし、経営者は営業に頼りきってその言い分を鵜呑みにしています。製造販売業の多くで同じような図式が展開されています。会社（経営者）が誤った認識をすると社員や関係者の努力は間違った方向に向かってしまうのです。
　ある大手コンビニチェーンでは、おでんやうどんの出汁についてマーケティング担当者が顧客の味に対する嗜好の変化を詳しく調査・分析して会社に新しい味つけを提案し、幹部がそれをチェックして採否を決め、さらに顧客の嗜好の変化を毎年見直すことによって売上を大きく伸ばしています。
　マーケティングを正しく理解して実践することが、経営の基本なのです。

(1) マーケティングの役割

　企業は売上を確保し、利益を出し続けることによってのみ存続できます。企業がどれだけ品質の良い製品やサービスを生産しても、営業がどれだけ強い営業力をもっていても、買ってもらえなければ、売上も利益も確保できません。売上は顧客によってのみもたらされるものです。そのため、「より多くの顧客が自社の製品やサービスを購入してくれるような仕組み」をつくる役割を担うものとして、マーケティングがあるのです。
　マーケティングは企業内の（場合によっては企業外の関係者も含めて）あらゆる関係者を統率・指揮して、顧客に対して価値を創造・提供する活動です。かつては、マーケティング＝「セールス、市場リサーチ、広告宣伝」と理解されていたため、「強い製品と強い営業があればモノは売れる。マーケティングはそれをサポートするもの」といった誤った認識がいまでも経営層に残っていることがありますが、顧客の嗜好が多様化し、意識が高度化した現在においては、本当に欲しいものを適切な時に適切な方法で提供できなければ、企業の成長は望めません。
　マーケティングは生産管理や管理会計などと同様に、その意義やプロセスが確立されている活動です。基本を正しく理解し対応することによって大き

な成果が得られるものです。社内の全員にマーケティング意識を浸透させてマーケティング機能を発揮させることが、企業の発展には不可欠です。

❶マーケティング機能の変遷

マーケティングの役割は、時代の経過による顧客志向の移り変わりとともに変化していますので、時代の社会状況や顧客志向に沿った対応が必要です。

アメリカの経営学者コトラー(Philip Kotler)はその著書で、現在のマーケティングはバージョン3の段階まできているといっています。図表10-2に示されるように、時代とともに消費者が満足する内容が変わっています。それにともない、マーケティングがめざすものも変化してきました。高度成長期にはすべての人々に同じ水準で同じ内容のものを提供すればよかったのですが、今日では、①消費者の成熟化への対応、②個としての消費者への対応、③消費者との継続的関係の確保、④社会が求めることへの企業の寄与の4つが不可欠で、マーケティング機能がより重要になっているのです。その根底には、次のような社会環境や経営環境の変化があります。

・情報や物流インフラが発展し、顧客の選択肢が拡大している
・顧客の価値観が多様化、個性化し、それに合致しない製品は購入しない
・顧客が、商品の比較や費用対効果、使い勝手などを厳しく判断する
・モノが行き渡り、本当に欲しいものしか買わない
・社会環境の変化が激しく、顧客の嗜好の変化も速く、かつ大きい
・規制緩和により、多様な競合相手が出現している
・グローバル化により、世界規模での顧客対応が必要になっている

図表10-2◆コトラーの「マーケティング」

	Marketing 1.0	Marketing 2.0	Marketing 3.0
目的	製品を販売すること	消費者を満足させつなぎとめること	世界をよりよい場所にすること
マーケティング・コンセプト	製品開発	差別化	価値
企業のマーケティング・ガイドライン	製品の説明	企業と製品のポジショニング	企業のミッション、ビジョン、価値
消費者と企業の交流	1 対 多数	1対1	多数 対 多数

そのため、企業の都合を優先させて売り込む「セリング」の発想では顧客から見捨てられ、企業の存続すらむずかしくなることを認識しなければなりません。供給者側の都合を優先させるのではなく、顧客は企業に長期にわたり利益をもたらしてくれる存在としてとらえ、変化する顧客ニーズを的確につかんで臨機応変に対応することが重要です。顧客重視で成功してきた企業が、いつの間にか企業の都合を優先させるような体質になり、経営を誤る事態も生じています。「買ってもらえる仕組み」であるマーケティングの重要度は、すべての企業で非常に高まっているのです。

あらためてマーケティングの考え方を整理すると、次のようになります。

・マーケティング…買ってもらえる仕組みづくり
・目的…強引な販売に頼ることなく、効果的、持続的にキャッシュを生み出す仕組み
・原点…顧客
・重視するもの…顧客ニーズ、顧客満足
・必要な意識、スキル…分析力、顧客志向、全社でマーケティングに取り組む
・阻害する固定概念…「良いものをつくれば売れる」「売れないのは営業の頑張り不足」

❷顧客の欲求を表わす概念

マーケティングにおいて常に問い続けなければならないのが「顧客は何を望んでいるか、自社はそれにどのような価値を提供すべきか」です。顧客の要求を満たす製品やサービスを生み出し、常に顧客満足を高める努力が必要です。そのためには、顧客の欲求を表わす以下の概念に対する正しい理解が大切です。

・ニーズ…衣食住などの生理的な欲求から、社会的、文化的、個人的な欲求に至るさまざまな事柄に対して感じる「満たされない状態」
・ウォンツ…ニーズを満たすために製品化されたものや、具体化されたサービスを欲しいと思う欲求

・インテンション…ニーズとウォンツにもとづいて、特定の製品やサービスを手に入れようと意思決定をした状態
・デマンド（需要）…手に入れようと意思決定したあとに、購買能力があって実際に購入された金額や需要のこと。なお、需要調査とはすでに購入された結果の調査のことで、欲しい人の調査ではない点に注意が必要

　マーケティングの中心課題は、顧客の本質的なニーズをとらえ、具体的なウォンツへつなげること、そして買う気がある人、買うことができる人がどの程度いるかを知ることです。ここで注意すべきは、ニーズを満たしているかにみえても本質的なニーズは顕在化されていないことが多い点です。ニーズに応えるひとつのウォンツが明らかになったとしても、それだけで満足せずに、さらにどのような価値提案（別の、あるいはさらに進化したウォンツ）が可能かを考えていきます。ウォンツと企業の提供価値は必ずしも一対一の関係にはありません。自社の提供価値をより強いウォンツへと変換できるかどうかもマーケティングに期待される課題です。

　❸全部門による連携した対応を
「企業にキャッシュをもたらす顧客がすべての企業活動の原点」との考え方に立つと、マーケティング機能は特定の部門が担当するものではなく全部門が連携すべきことがよくわかります。しかしメーカーの営業は「顧客が魅力的な製品だと感じているかどうか」が売れ行きを左右するとの認識は低く、「他社より優れた製品かどうか」に関心が強いようです。開発部門でも「自社の技術でどんな製品ができるか」には関心が高いものの、マーケティングを理解している技術者は非常に少ないようです。

　かつてはそれがまかり通っていましたが、今日では製造部門とマーケティング部門とは常に強い連携が必要です。品質やコストに関する施策を実施し、あるいは生産管理を適切に行ない品切れや在庫の山を築かないためにも、顧客の状況を常に知って行動しなければなりません。管理部門においても顧客のニーズに耳を傾けるというマーケティングへの姿勢が日常的に求められます。人事部門でも、評価や育成などの社内制度の策定や採用活動など

を通じた、マーケティング機能に沿った対応が望まれます。

(2) マーケティングの展開プロセス

マーケティングは、「分析」「計画」「実践」を以下の5つのプロセスで展開します。

〔分析〕①自社の市場機会の創造、②課題の明確化と目標の設定
〔計画〕③セグメンテーション、ターゲティング、ポジショニング
〔実践〕④マーケティングミックス、⑤実行計画の立案、実践、フォロー
本書では経営者にとって重要な項目を重点的に説明します。

❶自社の市場機会の創造

外部環境と内部環境を分析し、市場の機会と脅威、自社の強みと弱みにもとづいた、自社にとっての機会と市場を攻略する方向性を見出すのがこの最初のプロセスです。機会は環境分析で明らかにされた事実がわかったからといって導き出されるものではなく、それらの事実をもとに創造するものです。ひねり出すといったほうが、わかりやすいかもしれません。前述の実践知経営を実践することでこの創造力はどんどん強化されます。また創り出すのは、自社にとって魅力的でかつ競合他社にまねができない強みを発揮できる市場機会であることが大切です（図表10-3）。

図表10-3◆市場機会の創造、課題と目標の明確化

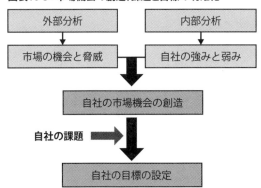

環境分析を行ない市場機会を探る際には、次の点に留意してください。

①機会と脅威の二面性に着目する

機会と脅威には二面性があります。とらえようによっては機会が脅威にもなり、逆に脅威が機会にもなります。ある事象を発見したときに、それが脅威と思えても、機会に変えられないか視点を変えてみます。

たとえば、後発企業にとって先発企業はすでに顧客の信頼を得ている怖い存在で脅威になりますが、一方で、市場を開拓してくれていて顧客の不満も抱えている存在と受け取るなら、機会になりえます。そこで既存企業の課題を徹底的に調査して顧客が満たされていない部分や気づいていない点を実現した製品を完成できれば、先発企業を凌駕することにつなげられます。

そのためには常日頃から環境変化を敏感に把握し、自社にもたらされる脅威を事前に察知して未然にリスクを回避する戦略を構築し、競合他社よりも一歩先駆けて事業に結びつけるセンスを経営トップが身につけていることがとても重要です。

②自社の弱みを強みに変える

自社の弱みを再度見直すと一見、短所と思われていたことでも、視点を変えることによって長所に転じることのできる例はたくさん見つかります。成功しているといわれる企業も、その背景には先入観にとらわれない地道なマーケティング活動の努力の積み重ねがあるのです。たとえば代理店をもたないことは、一般的には販売力の弱みと考えられていますが、自由に販路を確保する方策を模索することで、強みに転換することができます。

③市場機会を創造する

自社にとっての市場機会は、環境分析を通じて見出した事実を多様な角度からとらえ直すことにより「創り出す」ものです。競合相手が気づいていない状況変化を機敏に読み取り、いち早く市場を創造することが大切です。

④環境の変化の本質を見極める

表面的な事象に振り回されることなく、深層に潜む変化の本質を見極めて対応しなければ、事業としては長続きしません。

経済が低迷したときに、多くの企業で低価格競争が展開されましたが、そのほとんどが短期間で衰退し、品質の優れた企業にとってかわりました。消費者は世相を敏感に感じて低価格へ走りますが、それは一時的な動きで、得られる満足感は長続きするはずがありません。目先の利益に踊らされたり他社にやみくもに追随することなく、顧客志向の本質を見極めることが求められます。

❷課題の明確化と目標の設定

上記❶で創り出された機会を実現するためにマーケティングを通じて何を実現するのか（目標）を明確にするのがこのプロセスです。創造された機会が実現された状態を具体化していきます。

まずは、「こうありたい」といった具体的な姿に見える化します。次に、それを実現するには自社にどのような課題があるかをすべて洗い出します。課題ごとに、重要度と解決策の難易度をもとに、取り組むべき課題と到達目標、優先順位を決めます。法規制や資金の確保、技術的な困難性などの制約条件も事前に十分に検討して目標を設定します。

そのうえで、決定された課題の目標を実現できたならば当初創造された機会が実現可能かを再度振り返り、さまざまな角度からチェックをして課題や目標を修正します。

上記のステップを踏むことで、その後のプロセスが対応しやすくなります。逆に思いつきで新しい事業に着手したり新しい製品を出したりするのでは、事業の成功はおぼつかないでしょう。

❸セグメンテーション、ターゲティング、ポジショニング

このプロセスのおのおのの頭文字をとって、マーケティングの分野では「STP」と呼ばれています。

「セグメンテーション」は対象商品の市場をグループ分けすることです。グループ分けには、顧客の属性、価値観、購買行動などの「セグメント変数」を用います。どのような変数を使ってセグメントを切り出すかで市場が異なってきますので、重要なポイントになります（図表10-4）。

図表10-4◆セグメント変数

変数		セグメント例
地理的変数	地方	首都圏、地方都市、寒冷地、温暖地
	気象	寒暖、季節
	人口密度	大都会、過疎地
	規制	法規制
	地域の特性	都市部、郊外、地方、欧米、東南アジア、中国
人口動態変数	年齢	子ども、若者、中年、高齢
	性別	男、女
	家族構成	未婚、既婚、同居、別居、子どもの有無
	所得	年収、親の年収
	職業	ホワイトカラー、ブルーカラー、専業主婦、共働き、退職者
	学歴	低学歴、高学歴
	宗教	仏教、キリスト教、イスラム教
	国籍・人種	イギリス人、スコットランド人、白人、黒人
心理的変数	ライフスタイル	環境志向、健康志向、都会型・農村型、態度、階層
	パーソナリティ	先進的・保守的、開放的・閉鎖的
	価値観	経済性、機能性
	購入動機	必要性、共感性
行動変数	使用頻度	ヘビー・ライト・ノン、毎日、毎月、毎年
	購買パターン	購買意思決定者、購買時期

「ターゲティング」は自社がそのなかのどのセグメントに集中するかを決めることです。特定のセグメントへの絞り込みは「どのような顧客に」を決めることであり、その後の施策や業績に大きく影響します。かといって漠然としたターゲットではその後の対処も曖昧になってしまいますので、戦略的な意思決定が求められます。

「ポジショニング」はターゲットの顧客に自社製品がどのように魅力的かを認知させることです。顧客ニーズをどんなに満たす製品であってもその価値がうまく伝わらなければ意味がありません。多々ある製品にまさる魅力的な価値を示し、顧客に認識してもらうことがポジショニングの目的です。

図表10-5は日本のビール各社のポジショニングを筆者の想像で示したものです。企業はともすれば「顧客にとってもっとも魅力的な製品をつくる」といった視点に立ちがちですが、「もっとも優れた製品だと顧客に認識してもらう」ことが大切なのです。そのためには、新しくユニークなポジションをつくることや他社がついてこられないポジションをとるなどの戦略的なポジ

図表10-5◆ポジショニング(例)

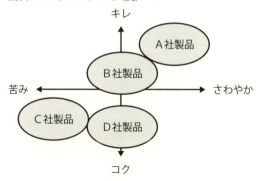

ショニングが効果的といえます。すなわち**図表10-5**のように、顧客に認識してもらいやすい2つの特徴を縦軸と横軸にとって製品のポジションを示すなど、どのような2軸をとるかが重要なのです。

❹マーケティングミックス

マーケティングミックスでは、ターゲティングとポジショニングの内容に沿って、自社が提供する製品やサービスを具体化していきます。

狙ったセグメント(セグメンテーションで導き出された市場)とポジション(ポジショニングにもとづき確定)に適合する、どのような製品・サービスを、どのような価格で、どのような流通チャネルを使って、どのようなコミュニケーションの方法で提供するかを具体的に設計するのが、このプロセスです。

マーケティングミックスは通常、①製品戦略(Product)、②価格戦略(Price)、③流通(チャネル)戦略(Place)、④コミュニケーション(プロモーション)戦略(Promotion)の4つを組み合わせて行ないます。このうち流通戦略はプレイス戦略、コミュニケーション戦略はプロモーション戦略と呼ばれることもあり、これらを総称してマーケティング戦略の4Pと呼ばれています。

魅力的な製品を開発すること(製品戦略)はいうまでもなく大切ですが、その情報が顧客に正しく伝わらなければ(コミュニケーション戦略)、販売

にはつながりません。また情報が伝わってもその製品をどこで入手できるのか、必要な時期に入手できるのかがわからなければ（流通戦略）、購入には至りません。当然、価格が買う側の予想とかけ離れていても買ってもらえないわけです。そこでこれらの４つのＰを個別に検討するのではなく、うまく組み合わせることで、マーケティング目標を達成します。

この４つの機能を果たす部門の連携がうまくいかずに顧客の支持を大きく下げたり、低価格戦略をとる一方で莫大な広告宣伝を展開して経営破綻するなどが実際に生じています。４つすべての機能を整合させる総合的な取り組みが必要とされるのです。

①製品戦略

企業活動においては、製品（もしくはサービス）のみが直接価値を生み出します。売れる製品がなくては、どんなにほかの３つの戦略が優れていても意味がありません。まず優先すべきは製品戦略です。

製品の構成は「機能、性能、使い勝手、品質、デザインなどコアな部分」「付属機能やサポート」「ブランド・評価・信用などの無形の部分」の３つに分けられます。これらのどの部分を製品の性質や顧客志向などにもとづくマーケティング戦略において重視するかも重要なポイントです。

②価格戦略

企業収益に直接大きく影響を与える価格は通常、下限を規定する「製造コスト」と、上限を規定する「カスタマー・バリュー」との間で、競合価格や需給関係、売り手と買い手の関係などを考慮して決めます。

製品Ａの製造コストがＸ円とします。それに販売費・管理費、資本コスト、さらに得るべき利益を加えた額がＹ円とすると、その会社は製品Ａを顧客にＹ円で買ってもらわねばなりません。しかし顧客は、Ａ製品にＹ円を「支払わねばならない」ことにはなりません。買わないという選択肢もあるからです。価格戦略は、企業の都合ではなく、顧客が感じる価値を重視しなければなりません。

さらに価格戦略には、支払い方法や付加ポイントなども含まれます。

③流通戦略

　流通戦略では、流通チャネル、販売地域、配送・物流について探ります。

　流通チャネルの主な機能は売り手の製品を効率的に市場へ届けるとともに市場からの情報を効率的に収集することです。企業は製品の特性・ユーザーの特性・競合状況などから最適な流通チャネルを構築しなければなりません。優れたチャネルの構築は競争優位を確保する大きな要素です。流通チャネルは社外に委託するケースも多いうえに近年の進化も激しくほかのマーケティングミックスとは異なった対応が必要です。

④コミュニケーション（プロモーション）戦略

　広告・販売促進、販売活動、パブリシティ（PR活動）、プロモーション（消費者の購買意欲を喚起する活動）、SNS（ソーシャルネットワーキングサービス。インターネットを経由するコミュニティサービス）などが具体的な方法です。

　コミュニケーション戦略はプロモーション（Promotion）戦略とも呼ばれますが、プロモーションはコミュニケーション戦略のひとつの方策である販売促進（セールス・プロモーション）を指す言葉ですから、情報の伝達戦略という意味では、「コミュニケーション戦略」のほうが適切な表現といえます。

　マーケティングにおけるコミュニケーションとは、企業が提供する製品やサービスの情報を必要としている潜在的な顧客に適切なタイミングと方法で伝えることによって、その顧客を製品やサービスの購買と満足に近づけることです。そのために顧客の意思決定のプロセスを踏まえて適切なコミュニケーションの方法を組み合わせて用いると効果的です。最近のITの進化により企業からの一方的な情報伝達ではなく顧客からの情報発信を取り入れたインタラクティブなコミュニケーション戦略が活用されています。

　従来の方法にとらわれずに、顧客の状況や伝達方法の進化を踏まえて対応することが大切です。

❺実行計画の立案、実践、フォロー

　マーケティングミックスを実現するための実行計画を策定してその計画を

実践します。そして計画どおりに進んでいるかをチェックし、そのフォローまでが含まれます。

そのためには、実行計画とともに予測損益計算書（予測PL：profit and loss statement）を作成しておきます。この計画で得られる予定の売上だけでなく、原価や販売に関する費用、プロモーションに要する費用など、必要となる費用をすべて予測して目標とする利益を把握しておきます。実行計画どおりに進んで顧客の購入が順調であっても、そのために広告費などで過度の費用がかかるのでは、苦労の意味がなくなってしまうからです。計画の進行時には予測PLに沿ったものとなっているかを確認します。

なお、実行計画は「事業計画の実践」のなかで進めることになりますので、詳しくはセクション6を振り返ってください。

(3) 進化するマーケティング戦略

マーケティングはどの企業にも必要かつ重要な取り組みです。特に現代の進化した経営が直面する個々の経営課題に対しては、グローバル・マーケティング戦略、ビジネス・マーケティング戦略、ブランド戦略などが活用されています。

とりわけグローバル・マーケティング戦略、ビジネス・マーケティング戦略は、中小企業でも避けては通れないテーマです。対象となる顧客が、これまでとはまったく異なる特性をもつ相手となることも十分考えられます。たとえば従来と同じ感覚、同様のスキルややり方でグローバル展開したのでは、とうてい通じません。また、せっかく良いコンテンツがあるにもかかわらず、顧客としての企業の特性を理解できず一般の消費者と同じスタイルで対応して大きなビジネスチャンスを逃している企業も少なくないようです。

これらについても正しい理解が欠かせません。

3. イノベーション経営の推進

イノベーションと聞くと、「いったいどのようにして取り組むのか」と不

安を抱いたり、「まだ顕在化されていないニーズにまでアプローチするなんて大企業やベンチャー企業の話でしょう」と思うかもしれません。しかしイノベーションへの取り組みは、中小企業が大きく飛躍するため、あるいは大企業が停滞から脱却するためにこそ不可欠なものです。しかもそれはドラッカーなどによって体系化されています。

(1) イノベーションとは何か

　イノベーションという言葉については、発明やアイデアのひらめきを意味するとの誤解があるようですが、発明やひらめきは予測したり組織化、体系化ができないので成功する確率が非常に低く、経営が取り組むべきものではありません。

　イノベーションの本質は、「新しい経済価値を生み出すすべての改革・改善」です。したがって製品やサービスだけでなく社内の組織、業務の流れや方法を見直して会社の利益に寄与したり原価を低減したりすることも含まれます。そのため、これまで当然のように行なってきた事業戦略や事業の進め方、さらには事業それ自体を経営者自らが否定する「創造的破壊」を必要とします。

　日々の仕事は、当たり前のように繰り返していると、いつの間にかあまり重要でない業務や不要な業務が増えていきます。同じように、自信をもって提供している自社の製品やサービスに対し、顧客が魅力的だと思わなくなっていても気づかないことがあります。そうならないためには、業務の流れや取り組み方法が常に見直しを求められているのと同様に、現在の事業や業務、要員などがすべてないものとして、一から始めるとしたらどうするかの視点で見直す必要があります。それなくして経営改革はできないとドラッカーも述べています。

　そのためには、偶然にイノベーションが生じるのを待つのではなく、全社で計画的、組織的にイノベーションを起こす体制をつくることが経営には求められます。偶然を「仕組み」に変え、そして創造的破壊の考え方を経営者

自身がしっかりともち、社員全員で共有することがとても重要なのです。

(2) イノベーション経営の推進

イノベーション経営を経営計画に取り込む（偶然に頼らずにイノベーションを誘発する）こと、現状維持の組織文化から脱却する（全員参加でイノベーションに取り組む）こと、いままでの事業や業務プロセスを否定し新たな仕組みを構築すること（創造的破壊）がイノベーション経営です。

それでは、自社でイノベーション経営を推進するとしたら、実際にはどのように取り組めばよいのでしょうか。

中小企業では、大企業のようにイノベーションの専門部門を設置したり専任者を配したりすることはとてもむずかしく、もちろん専門家などもいません。大企業ですら、事業部門などは日々の業務に追われてなかなか新しい取り組みには着手できないものです。筆者もイノベーションの考え方のすばらしさに共感し実行しようとしたものの、困難な現実との大きな差に悩みました。

ドラッカーの著書を頂点とするイノベーション経営の専門書は、ドラッカーが調査・研究したアメリカの大企業や官公庁をモデルに書かれています。そのため、中小企業では「言っていることはそのとおりだが、とても自社ではできない」と感じられ、大企業でも日本企業特有の部門間の力関係や組織文化によって専門部門や専門家を設置しても効果が出ないといった結末になりがちです。しかし、どのような状況でもイノベーション経営は進めることができます。そして本書でこれまで説明してきたことを確実に実行していれば、実はイノベーション経営はすでに進んでいるはずなのです。

筆者はこれまで、試行錯誤を重ねながらイノベーション経営の実践的かつ効果的な方法を模索してきました。事例16はその過程をまとめたものです。以下で紹介するイノベーション経営の進め方は、その経営での実践をベースとし、各社の経営改革を指導するなかで追加や修正を加えてきたものであり、中小企業だけでなく大企業の事業部門などでも実行しやすく成果も得や

すい方法となっています。これを実践することによって、どのような状況であってもイノベーション経営を進めることができると確信しています。

> 【事例16】
>
> 　W社では、イノベーションらしい取り組みとしては、これまでQC活動が唯一行なわれていた。しかしそのレベルは低いもので、的外れのテーマも多く、発表直前に報告書を急いでまとめるなど形骸化していた。QC活動の手法やツールが先行し、本来の目的がまったく忘れられていたのである。このような状況を目の当たりにした新任の取締役は、現在の活動をやめさせ、代わりに顧客を意識した製造を推進するための改善活動を「生産革新研究会」と名づけて開始した。
>
> 　生産革新研究会は、会社全体の問題を各部門のリーダーが集まって週1回1時間程度と月ごとに半日程度の会合をもち、各部門ではパート社員も含めた部員全員が参加して毎朝、朝会の形で10分程度のミーティング形式で始めた。「何のために会社があるのか」からスタートし、最初は取締役自身が先頭に立って問題をあぶり出し解決策を考える形で進め、徐々に若い社員から核心をついた課題が出されるようになった。パート社員からもとても有効なアイデアがたくさん提出されるなど、職場の雰囲気が大きく変わっていった。
>
> 　取締役が社長に就任したのちは、この活動を経営全般に広げるとともにレベルアップし、社長在任の5年間継続した。このなかで、若いリーダーも育ってきた。あわせて半年に1回半日程度、次の事業について語り合う場である「未来会議」も設けた。未来会議は、「未来を予測すること」を目的に、若い社員やパート社員も交えて自由に語りあう場である。新しい事業のアイデアを生み出しただけでなく、社員の目を社内から顧客・市場に向けることにもつなげられた。何より、既存事業の問題や業績を取り上げる会議とは異なり、みんなの目が輝いていた。
>
> 　このような取り組みによりイノベーション経営を推進し、会社を大きく飛躍させて長年、低迷していた業績をV字回復する礎となった。

(3) イノベーション経営への具体的取り組み

イノベーション経営は次の2つの取り組みによって進めます。

❶イノベーションを日常の経営活動や経営計画に組み込む

身近な取り組みから始めて、イノベーションが行なえる仕組みを経営計画

の策定から日常の活動に至るまであらゆる経営活動のなかに組み込みます。これによって、偶然に頼らずに計画的にイノベーションが起こせるだけでなく、社員など関係者が特別に構えたりすることなく、イノベーションを推進できます。

❷現状維持から脱却し創造的破壊ができる組織文化を形成する

全員参加による、現状を否定して新しい仕組みを求めるのが当たり前という組織文化を社内に構築していきます。

上記❶は仕組みを構築するハード的な取り組み、❷は考え方や意識を変えるソフト的な取り組みです。このふたつを個別に行なうのではなく、お互いが関連する形で推進します。具体的には以下の順で着手します。

【ステップ1】

❶の土壌づくりにあたります。身近な活動を見直し、上記①を定着させることからスタートします。

企業ではいろいろな業績改善活動が進められています。管理部門や事務的な業務に関しては経費削減活動、仕事内容の見直しによる該当業務従事時間の削減活動など、製造部門ならば原価低減活動、品質向上活動など、営業部門では販売促進活動、新規開拓活動などが代表例としてあげられます。製造部門での5S活動、QCサークル（最近ではTQM活動に発展）など社会一般によく知られている活動もあります。

これらの活動が求めているのがイノベーションです。もっとも実際の取り組みは、活動することが目的になっていたり、決められたツールを用いることに重点がおかれるなど手法に関心が向かい形骸化しているケースが多く、イノベーションの機能をしっかりと果たしている活動はとても少ないようです。

そこで自社が現在、実施している身近な活動を見直すことからスタートします。すでにたくさん活動を行なっている場合は自社にとって不可欠な活動をひとつ選びます。2〜3の活動をひとつにまとめても構いません。いままでにこのような活動を何もしていない場合は、上記の活動例を参考に、製造

が主体の会社であれば「原価低減活動」、販売が主体の会社であれば「新規開拓活動」など、一番重要と思われる活動をひとつ選んで取り組みを始めます。

そしてその活動について、社長が先頭に立って関係者全員で、「本来の目的は何か、現状はどうか、進めるには何が問題か」などを徹底的に見直します。部門長など会社の幹部は必ず全員を参加させます。製造部門の活動であっても営業部長や総務部長なども加えて会社の現実を直視させるのです。新規活動の場合も方法やツールなどにはとらわれずに、現状の問題点をあばき出します。ただし、けっして犯人探しにはならないように留意してください。

いままでの活動を創造的破壊の視点で見直すと、必ず多くの問題点が浮かび上がってきます。その問題点を踏まえて、活動をどのようにあらためれば（進めれば）よいかを議論して方策を決めていきます。当初は慣れないことへの抵抗感などから順調には進みませんが、そこで、1回2～3時間程度の毎週の定例活動日程を事前に設定し、よほどのことがない限り欠席は認めないようにします。「お客様の都合で欠席する」は言い訳にすぎません。本当は「自分の都合」がほとんどです。ここは根気勝負です。現状の不備を明確にして社長が粘り強い態度を示すことで徐々に動き出します。また、少し動き出したからといって部下任せにすることも厳禁です。定着するには短くても半年、通常は年単位の期間を必要とします。即効薬はありませんので、この活動を定期的に続けることによって「イノベーションが当たり前」の体質を社内に根づかせます。

【ステップ2】

上記❷に該当します。ステップ1の取り組みの進捗にあわせて、「なぜイノベーションが欠かせないのか」「なぜこの取り組みが重要なのか」について関係者を啓蒙・教育します。具体的にどのようにすべきかは、セクション7で詳述しました。新しい組織文化は、このようなイノベーション活動の場を通じて形成されます。そしてそれを牽引するのは社長自身です。経営者が

経営の醍醐味を一番肌で感じられる部分といえます（セクション7参照）。この取り組みにゴールはありません。レベルを上げながらずっと継続していきます。

【ステップ3】

　ステップ1が進み、ひとつの活動が軌道に乗り始めたら、イノベーション経営の全社展開に取りかかります。全社の各部門が、経営に重要な課題をそれぞれ選んで、ステップ1と同じ方法で実行します。その主体となるのが、ステップ3では部門長であり、社長はそのフォローと社員への啓蒙にあたります。各部門長はステップ1でイノベーション活動を理解・習得できているはずです。ステップ1に全部門長を参加させる理由がここにあり、ステップ1を進めるなかでイノベーション活動の具体的な進め方を社長自らが経営幹部に教育しているのです。このプロセスにおいて、部門長などリーダー層の経営に対するマインドやスキルもみえてきます。

　このように、ステップ3はイノベーションを日常の経営活動や経営計画に取り込む段階といえます。

【ステップ4】

　会社の経営全般についても、社長が主体となってイノベーションの視点で見直しを始めます。これは、ステップ3と並行して行ないます。

　企業の中ではどうしても既存事業に目がいってしまいますので、「なぜ、うまくいっているのに見直さないといけないのか、そんなことは時間の無駄ではないか」と考えてしまいがちです。しかし今日のような競争の激しい状況下では、機会を見逃していては他社に後れをとるのは必至です。経営者は、既存事業と新しい機会への取り組みのふたつを両立させなければなりません。

　新しい機会への取り組みは既存事業とはまったく異なった考え方や方法で進めることが必要ですが、それを、いまいる社員に担当させなければなりません。そのため、取り組み方法やメンバー構成などに工夫が求められます。たとえばイノベーションに関する会議は、業績に関する会議とは開催日やテー

マ、進め方などを完全に分けます。開催日を変えるのは双方に参加する要員の頭を切り替えるためです。業績会議の主なテーマが問題解決であるのに対して、イノベーション会議では将来への課題達成を取り上げます。進め方も、イノベーション会議はトップダウンではなく、職制にとらわれずに「創造的破壊」とそれにもとづく「未来の創造」を求める自由な雰囲気づくりが大切です。メンバーは、既存事業の責任者だけでなく、若手や機会志向の強い人、粘り強い人などを加えます。そして機会を見出すことができ、それを具体化する段階に至ると、今度は調査や企画などの詳細な作業が生じます。その際は、ごく少数のメンバーに絞って専任で進めていきます（この点については後述）。

これらの方法をとることで、既存事業に与える影響を極力減らすことができますが、既存事業と新規事業との兼ね合いで何か問題が発生した際は、担当者間での調整に任せず、社長が双方の状況をみて判断します。なお、プロジェクトを進める際には、セクション4の「事業戦略の策定」、および本セクションの「マーケティングの考え方と展開」を振り返ってください。具体的な機会の見つけ方や経営戦略の立て方のヒントについては後述します。

【ステップ5】
いよいよ最終段階です。ステップ4で経営全般にイノベーションを経営活動として取り込めたことになります。経営全般についても、各部門の活動においてもイノベーションが動き出しましたので、あとはこれを毎年の経営計画に取り込んでいきます。ステップ1からステップ4までを進めていれば毎年の事業計画の策定（セクション5）の際に、新規事業の計画や革新活動などイノベーション経営についての具体的な計画を盛り込むことができます。

(4) イノベーション経営を支える方策

ここまで、イノベーション経営はどうしたら推進できるかを説明してきましたが、進める際に次のような方法がとても役立ちます。

・業務報告書の内容を変える…従来の報告書は取り組みの進捗状況や結果

の報告が主体ですが、イノベーション経営では機会や変化に関する報告に重点をおきます。営業担当や技術者などが顧客から受け取った変化が機会を得るチャンスになるからです。このため従来の報告書とイノベーションの報告書とは書式を変えることができれば理想的ですが、2つの報告書を書くのは負担が大きくなります。そこで報告書は従来どおりに作成したうえで、イノベーションを意識づけるために、従来の報告書の冒頭に、変化について気づいたことなど変化に関する事項を記すとよいでしょう

・目標管理にイノベーション活動を加える…イノベーション活動は重要な取り組みですので、目標管理のテーマに加えます
・評価の方法を見直す（結果だけでなくプロセスも重視する）…評価項目にも加え、業績（結果）だけでなく、取り組みのプロセスも重視します
・新規事業は既存事業の担当者にかけもちをさせない…新しい事業計画が具体化して取り組みを始める際には、既存事業の担当者に兼業させないようにします。当人だけでなく上司なども従来事業に目がいってしまうからです
・新規事業に経験の浅い要員を充てない…新規事業は片手間で取り組めるものではありませんので、新卒者や経験が浅くて既存事業で十分な戦力になっていない者を充てることも不適切です。筆者は曖昧な対処をして新規事業が育たない例をたくさんみてきました。このような場合には思い切って既存事業で実力を発揮している人材を新規事業の専任とすることが大切であり、経営者の勇気と決断が求められます
・廃棄を制度化する…現在の事業、工場、技術、市場、流通などのすべてについて「いま、これが本当に必要なのか」を見つめ直し、活力をなくした事項や陳腐化した仕組みを廃棄（廃止）する制度を社内に構築します。工場や事務所の５Ｓ活動などはその基本です。活動の真の意味を理解して定期的に取り組むことが大切です
・企業の現在の立ち位置を把握する… 製品やサービスに限らず、事業、

市場、流通、工程、技術のすべてにおいてライフサイクル分析を実施し、「現在どのような位置にあるか」「今後、いつごろ、どのような状態になるか」「いつ陳腐化するか」を把握しておきます
・製品、サービスの賞味期間や使用期限を設定する…製品、サービスについてはPPM分析（セクション4参照）などにより、ライフサイクルにおける現在位置を把握し、それに対応した次期商品の投入計画（新商品の開発計画など）を立案実行します。これにより、他社との競合に負けだしたり業績が低下してから、後手に回った対処で慌てたりすることなく、他社より先行して事業展開ができます

(5) イノベーション機会の見つけ方、戦略の立て方

イノベーション経営を実践する各ステップの取り組みにおいて、変化を起こすための機会を見つけることが重要です。ただしそれは、自社の発展につながる確率の高い機会であり、その機会をもとに自社の経営戦略を考えなければなりません。この点についてドラッカーはとても役立つ方法を次のように示しています。詳細はドラッカーの著書を参照ください。

なお、以下に紹介する「機会の見つけ方や戦略の立て方」はイノベーション経営への取り組みとして真っ先に着手したのでは効果的とはいえません。ドラッカーをはじめ多くのイノベーションに関する書籍が一番先に説明したり、あるいは強調しているので、ついそこへ目がいきがちですが、上記実践のステップ1から5を進めるなかで、ヒントとして取り入れるとよいでしょう。

❶イノベーションの機会を見つける（未来の予測）
イノベーション経営では顕在化されていないニーズを見つけて対応することが重要である点は前述のとおりです。では、顕在化されていないニーズがどうしてわかるのでしょうか。ドラッカーはこれを「すでに起こった未来の予測」という言葉で説明しています。

顕在化されていないニーズとはいっても、実際にはそのニーズはすでに発

生しています。それをほとんどの人がまだ認識できていない時期が必ずあるわけです。やがてそれが、だれもが知る顕在化されたニーズとなる前にいち早く感知してビジネスに活用することが、企業の経営にはとても効率的でしかも効果的なのです。

　ドラッカーはそのような機会を見つける具体的な方法を明確に示し、これを「７つの機会」と呼んでいます。イノベーションの機会を見つける、すなわち「すでに起こった未来の予測」に有効な機会としてあげられているのは次の７つです。

　・予期せぬ成功と失敗を利用する（機会１）
　・ギャップを探す（機会２）
　・ニーズを見つける（機会３）
　・産業構造の変化を知る（機会４）
　・人口構造の変化に着目する（機会５）
　・認識の変化をとらえる（機会６）
　・新しい知識（アイデア、発明、発見）を活用する（機会７）

　このうち機会１〜４は市場や業界の内部に関するもの（内部要因）、機会５〜７は市場や業界の外部に関するもの（外部要因）を示しています。また、機会１〜７は、イノベーションが成功する確率が高い順に並んでいます。身近なものほど実現する可能性が高く、しかも大きな効果が得やすいのです。「発明やアイデアのひらめき」は機会７に属します。また、この７つはまったく独立したものではなく、いくつかが重複しているケースも多くみられます。

　中小企業や大企業の各部門では、機会１、機会２、機会３が自社のイノベーション経営にすぐに役立ちます。本書ではこれらを中心に概要を説明します。

　①予期せぬ成功と失敗を利用する（機会１）
　予期せぬ成功と失敗、予期せぬ外部の変化をイノベーションの機会と考えます。たとえば新人が大きな商談に成功した、逆にベテランが思わぬ失注を

したなど、予期していないことが発生したときに、それを「たまたま」「偶然」とみなさずに、「ニーズの変化」「新しいニーズの出現」あるいは「競合状況の変化などのサイン」と考えて、その本当の理由を追求し、イノベーションの機会へとつなげるものです。

顧客からのとんでもないと思われる要求も、その真因を知ることで大きなビジネスチャンスにつなげられるケースは多いものです。「無理な要求だ」とすぐに断わるのではなく、イノベーションの視点から組織的に対応することが大切です。かつて科学計算に特化していた大型コンピュータが給与計算に使われていることに驚いたIBMは、そのニーズが大きくなる兆候をつかんで積極的に対応して今日の礎を築きました。当時最大手だった会社は科学計算にこだわり衰退したそうです。

②ギャップを探す（機会2）

あるべき姿と現実の間のギャップに着目してイノベーションの機会を見つける方法です。代表的なギャップとして、「業績ギャップ」「認識ギャップ」「価値観ギャップ」「プロセスギャップ」の4つがあります。具体的なケースではこれらのギャップは単独で存在するのではなく、いくつもが関連していることが多いようです。

【業績ギャップ】

需要があるのに会社の業績が良くない状態です。会社のいまのやり方に問題があるはずです。イノベーション活動によってあらためて自社の業績ギャップに気づくことができれば、解決の機会が得られます。また競合相手に業績ギャップのあることがわかれば、自社に大きなビジネスチャンスが到来していると考えられます。大手競合企業の業績ギャップを把握し、それを解消することで自社のイノベーションの機会につなげ、大きく成長した中小企業や大企業は無数にあります。

【認識ギャップ】

社会通念や常識と思われていることが現実とは異なる点をイノベーションの機会とするものです。1950年代にコスト削減を余儀なくされていた海運業

界は、船舶の高速化や省力化がその解決策であるとの認識のもとでそれらに取り組んだものの大きな効果は得られませんでした。実はここでの問題点は海上にはなく港の積み下ろしにあったのです。そこに気づいたことから、コンテナ船が登場しました。

このように事実とは違った認識をしていると懸命に取り組んでもニーズには応えられません。いままでの常識や思い込みを変えることでイノベーションが起こせます。いまや当たり前になった宅配便も、「運送は駅や運送会社間でのもの」との当時の常識を破って生まれました。

【価値観ギャップ】

顧客の感じる価値と企業が考えている価値との間のギャップに着目してイノベーションの機会を見つける方法です。認識ギャップと共通する要素が多くあります。

顧客が感じる価値観は社会や市場の変化とともに大きく様変わりしていきます。そのため、いつまでも同じ価値観で対応していたのでは後れをとりかねません。いち早く価値観の変化をとらえて対応することでイノベーションが起こせます。たとえば薄型テレビに対する顧客の要求が、画質や機能の多さから使いやすさに変わっていることに気づいて素早く対応したメーカーが市場を凌駕したことは、身近な例としてあげられます。

【プロセスギャップ】

モノをつくる、サービスを提供するなど、一連のプロセスのなかには必ずネックとなること（困ったこと）が存在します。このネックに着目してイノベーションを起こそうとするものです。生産の工程で困っている（ボトルネックになっている）ところに着目し、それを解消する道具や装置を提供することで成長している企業、あるいは眼科医が手術中に一番神経を使う作業を軽減できる薬品を提供して大きく成長した企業などが例としてあげられます。

③ニーズを見つける（機会3）

ニーズを切り口にイノベーションの機会を見つけます。ここでいうニーズとは「顧客が満たされていない状態」ですから顧客の状況を熟知していれ

ば、すなわち机の上で考えているだけでなく会社が実践知経営をしていれば、正確で重要な顧客ニーズが把握できます。顧客ニーズは下記の3つに大別されます。

【プロセスニーズ】

プロセスギャップとまったく同じものです。

【労働力ニーズ】

「作業に必要な労働力が足りない」「労働コストが高い」などの課題に対応する方法です。代表例に、特定の生産工程で自働化装置やロボットなどを提供することや、特定の事務作業について自動的に処理できるシステムやソフトウェアを提供することなどがあげられます。一般的な顧客の労働力ニーズに応えるよりも、より具体的なニーズに応えるほうがイノベーションを起こせるチャンスは大きくなります。

【知識ニーズ】

顧客が十分に持ち合わせていない知識を補うものです。「会社の得意な知識は何か」「顧客が求めているニーズにどのように活かすか」の切り口で自社のイノベーションの機会を探ります。

④産業構造の変化を知る（機会4）

少し規模の大きい企業を主対象とします。産業や市場の構造が永続的かつ安定しているようにみえると、その構造を変えたり新規に参入することは非常にむずかしく感じられます。しかし実際にはとても脆弱だったり、ちょっとしたことが契機となって瞬時に崩壊したりもします。そのようなタイミングで、同じ産業に属している企業にはイノベーションの機会がもたらされます。ただし、まったくの部外者にも例外的に新規参入のチャンスとなりえますので、それが大きな脅威ともなりかねません。

代表的な例としては、固定電話から携帯電話へ、さらにスマートフォンへと変化した通信業界や、店舗販売（リアル書店）からネット販売（ネット書店）へと広がった書籍販売業などがあります。

従来、主体とされていた企業がまったく違った企業にとってかわられた

り、とても強い競合が出現したりすることで産業構造に大きな変化がもたらされます。また、顧客ニーズが変化するだけでなく、法規制の緩和あるいは強化なども産業構造に大きな影響を与えます。産業構造の変化をいち早く察知して、イノベーションの機会を逃さないよう対応することが大切です。

⑤外部要因（機会5～機会7）

　市場や業界内部以外の、外部要因からもイノベーションの機会は見つけられます。大きな社会の変化に対応するものであり、そのため企業にとってはすぐにチャンスに結びついたり影響を被ることは少ないものの、ゴーイングコンサーンであるべき企業にとって放置してよい問題ではありません。自社にどのような影響が出そうか、どのような方向で対処すべきか、長期的な視野をもつようにします。

　機会5の「人口構造の変化に着目する」では、人口減少と少子高齢化により、生産にかかわる人口が減少し、そうでない人口が確実に増加している日本において、企業は生産性のさらなる向上やグローバルな視野での展開が求められています。将来予測には不確実な要素が大きいなかで、人口構造の変化だけはいつ頃どのような状態になるかが明確にわかっていますので、この機会への関心を継続してもつことが不可欠です。

　機会6の「認識の変化をとらえる」では、たとえば日本では長い間「水はただ」と思われていましたが、現在では飲料水に対価を支払うのは当たり前になっています。このように従来からの認識が異なったものになるスピードが、情報伝達の進化によって急激に増していることから、社員全員で敏感に変化を感じとりイノベーションを生み出します。今日では健康志向が高まり漢方薬市場が急速に拡大しているともいわれています。認識の変化は業界に大きな影響を与えたりしますが、身近なところで起こっているのです。

　機会7の「新しい知識」とは、発明やすばらしいアイデアのひらめきです。イノベーションの機会のひとつですが、当たれば大きな効果が得られる一方で、確実性が乏しくリスクの大きさや発明から実用化までの時間の長さなどを覚悟しなければなりません。

❷とらえた機会（未来予測）を経営に活かす

　上記を通じてイノベーションの機会を見つけたならば、それをどう経営において実践していくのか（イノベーションにつなげていくのか）、その戦略について、ドラッカーは次の4つのスタイルを示しています。

【総力戦略】

　企業が総力をあげて一点に集中し、大きなイノベーションを一気に実現する戦略です。これは、実力と体力を備える規模の大きな企業でなければできません。アメリカのApple社やGoogle社、日本ではソフトバンクといった大企業がこの戦略で新しい市場や産業を確立しています。

【ゲリラ戦略】（創造的模倣戦略、柔道戦略）

　総力戦略とは違って先行する大手企業の力をうまく利用し、最後に優位に立とうとする戦略です。強い先行企業を模倣しながら、そこに優れた付加価値を加えて先行企業を凌駕する「創造的模倣戦略」は、一番手企業の自負心や思い上がりをチャンスととらえるものです。一方、先行企業が対象外とみなしている市場へまずは参入し、それを基盤にして相手の主流市場に食い込む「柔道戦略」は、相手の懐に飛び込んでその力を利用して相手を投げ飛ばすものです。

　この戦略で大きく成長したのが、ソニーやIBMなどです。中小企業が大きく成長できる戦略ですが、顧客や業界の事情を熟知していなければなりません。そのためにも、実践知経営が重要なのです。

【ニッチ戦略】（関所戦略、専門技術戦略、専門市場戦略）

　市場をよくみると、どこの企業も進出していない、あるいはまったく力を入れていない隙間があるものです。そのような隙間に進出してイノベーションを実現します。業界のリーダーをめざすのではなく、「あると便利」「ないと困る」存在を確立します。

　ニッチ戦略のひとつに、業界のだれもが必ず通る場所を押さえる「関所戦略」があります。インターネットの検索サイトで大きく成長したGoogle社がこの代表例です。また、特定分野の高度な専門技術で特定の商品を展開する

「専門技術戦略」の代表企業が、小型モーターに特化して市場を席巻している日本電産です。特定市場で専門知識を発揮する「専門市場戦略」は「○○の専門店」「××向け専門誌」などがその例としてあげられます。

【顧客創造戦略】（効用戦略、価格戦略、事情戦略、価値戦略）

　従来の「モノ」の提供から脱却して「コト」を提供しようとする戦略です。このうち、現在提供しているモノの効用に着目するのが「効用戦略」です。調味料として一般に認識されている「食用酢」は、その効用を考えると「健康になる食品」ととらえることができ、健康食品としてのビジネスが展開されています。健康食品としての価格は調味料よりはるかに高く設定できます。価格設定でイノベーションを起こすのが「価格戦略」です。複写機市場でコピー機に価格をつけるのをやめてコピーをすること自体（コピーした枚数）に価格設定したケースが代表例です。

　「事情戦略」は、顧客の困っている事情を解消しようとするもので、企業の生産設備のメンテナンス費用を消耗品の価格に上乗せして突発的な費用の発生をなくしたビジネスや、1個から販売するネジやバネ、電子部品などの部品ビジネス、試作品のために少数用の金型を至急に作成するビジネスなどがあります。製品を提供するだけでなく、そこに別の価値を加えようとする「価値戦略」は、事務機メーカーが机や椅子、キャビネットなどの事務機販売から脱却してオフィスの生産性向上のための効率化や労働環境の観点からレイアウトや設備を提案するなどが例としてあげられます。

　イノベーション経営について、ドラッカーは次のように述べています。
「イノベーションを成功させている企業から人事について学ぶことは、イノベーションができるのは特別の資質のある人ではないということである。必要なのは学び続け、粘り強く働き、自らを律し、適応する意志である」

　このドラッカーの言葉のように、企業の目的である「顧客の創造」のためのイノベーションも、経営を習得するための王道を歩めばだれでもが実現できます。イノベーションは通常の経営とは異質のものに受け取られがちです

が、経営にはとても重要であることを理解し、「強い意志と熱い想い」をもってあきらめずに実現することを願っています。

平居暉士（ひらい・てるじ）
1970年同志社大学大学院工学研究科修了。工学修士。島津製作所にて科学計測機器の開発・設計に従事。湘南島津社長を経て、2008年よりひらい経営教育研究所代表、経営コンサルタント

企業経営を学ぶ
── 組織運営の王道と新たな価値の創造

著者◆
平居　暉士

発行◆平成28年4月20日 第1刷

発行者◆
讃井暢子

発行所◆
経団連出版
〒100-8187 東京都千代田区大手町1-3-2
経団連事業サービス
URL◆http://www.keidanren-jigyoservice.or.jp/
電話◆［編集］03-6741-0045　［販売］03-6741-0043

印刷所◆富士リプロ

©Hirai Teruji 2016, Printed in JAPAN
ISBN978-4-8185-1601-4 C2034

経団連出版　出版案内

役員力 ― 会社経営を極める

葛田一雄・松下芳男・山口宏 著
A5判 248頁 定価（本体2000円＋税）

結果責任が問われる役員には、ビジョンの提言者、創造者、リスクテイカー、サーバントリーダーといった自らの役割を踏まえ、信念をもって任務を遂行することが求められます。企業トップの戦略経営テキストとして、ぜひご活用ください。

取締役の教科書
― これだけは知っておきたい法律知識

岡芹健夫 著　A5判 178頁 定価（本体1800円＋税）

取締役には、時代と市場を見通したうえでの「適切」な経営判断が求められ、不適切な判断を行なえば、損害賠償義務を負担することになります。本書は、取締役の地位・権限および責任について極力具体的かつ平易に解説しました。

経営者のための労働組合法教室

大内伸哉 著　　A5判 184頁 定価（本体1600円＋税）

労働組合法を遵守することは、よい経営の諦であり、経営者には労働組合法の基礎的な知識が欠かせません。本書では、労働組合と上手くつき合うための基礎的知識や労働組合をめぐる法的ルールをわかりやすく解説しています。

実例解説 企業不祥事対応
― これだけは知っておきたい法律実務

西村あさひ法律事務所・危機管理グループ 著
A5判 256頁 定価（本体2000円＋税）

危機管理対応に関する数々の事案に取り組んできた専門家が、不祥事発覚後の対応のみならず、問題の原因追及や発生防止策までをQ&A形式でわかりやすく解説します。

http://www.keidanren-jigyoservice.or.jp